BARITSU: *Sherlock Holmes' The Art of Self-Defence*

The English Gentleman's Martial Arts, known as BARTITSU

シャーロック・ホームズの護身術

バリツ

英国紳士がたしなむ幻の武術

エドワード・W.バートン＝ライト

田内志文 訳／新美智士 監修

E. W. Barton-Wright

平凡社

目次

第3章 杖を使った護身術 Part 1 …… 055

第4章　杖を使った護身術 Part 2　089

監修者まえがき

ホームズの護身術「バリツ」の由来とされる

「バーティツ」の成り立ちと歴史について

1899年3月、イギリスの『ピアソンズ・マガジン』でひとつの記事が注目を集めます。記事のタイトルは「新しい護身術」。記事を書いたのはエドワード・ウィリアム・バートン＝ライト。「あらゆる攻撃から身を護る方法」として紹介されたテクニック「バーティツ（Bartitsu）」は、のちにシャーロック・ホームズの護身術「バリツ（Baritsu）」として世界中の人に知られることになります。

今日の日本では、バリツとバーティツを結びつけることについて賛否がわかれており、わたしもどちらが正しいかを断定することはできません。しかし、バーティツを知る者として「どちらが正しいか」の前に、バーティツがどういうものかを知ってほしいと思い、解説を務めさせていただきました。

シャーロキアンのみなさんにとっては、バリツとバーティツが同じものなのかどうかは非常に大きな問題だと思いますが、わたしの経験から申しますと、「バーティツ」を知るとバリツとバーティツが同じものかどうかという議論は別の話として考えるようになります。なぜなら、「バーティツ」を知ると「シャーロック・ホームズ」がもっとおもしろくなるからです。

このまえがきはそのワクワクする経験の準備段階です。バーティツ誕生の秘密を時代背景とともに解説しましたので、シャーロック・ホームズの世界観を膨らませる手助けとしてお楽しみください。

創始者エドワード・ウィリアム・バートン゠ライトについて

バーティツの創始者、エドワード・ウィリアム・バートン゠ライトは、１８６０年11月8日にイギリス領インド帝国で生まれました。父親が鉄道技師であったことから、幼い頃から世界中を転々とする生活を送っており、世界各地の伝統的な教育や文化の中で成長していきます。

今でこそバーティツの創始者として知られる彼ですが、実はエンジニアリングの教育を受け、父親と同じように技術者として世界中を飛びまわっていました。彼の中には常に武術に対する興味があったようで、仕事で訪れる国に伝統的な武術や武道があれば、積極的に学びに行ったようです。

そんな彼が日本を訪れたのは１８９３年のことでした。冶金学の専門家として神戸のE・H・ハンター商会（現在の日立造船）に招かれた彼は、数年にわたって日本に滞在します。そして、言うまでもなく日本の武術や武道に興味を持ちます。

数ある日本の伝統的な武術や武道の中で、彼が特に興味を持ったのは柔術で、まずはじめに神戸でTerajima Kuniichiro（テラジマ クニイチロウ）から柔術を学び、その後、東京で嘉納治五郎《かのうじごろう》から柔道を学びます。バートン＝ライトは1898年にロンドンに帰国しているので実際に稽古をした期間はとても短かったのですが、相当熱心に稽古をしたようで、帰国後、彼はヨーロッパで初の柔術の先生として指導をはじめます。また、『ピアソンズ・マガジン』でパーティッツを発表した後も、イギリスにおける初めての日本人師範として谷幸雄と上西貞一《うえにしさだかず》というふたりの柔術家を日本から招いたりと、柔術や柔道に対する情熱はすさまじいものでした。

バーティツの誕生

ロンドンに帰国したバートン＝ライトは、これまでに学んできた武術や武道の経験と独自の理論を組み合わせたマーシャルアーツをつくりはじめ、1年後に「バーティツ」として発表します。まだ誰も知らない「バーティツ」。それがどのようなものなのか、彼は『ピアソンズ・マガジン』で次のように言っています。

> わたしの護身術は、どのような手段で攻撃を受けようとも絶対に身の安全を確保することを目的として考案された。

> 相手が武装していようがいまいが関係なく、あらゆる攻撃に対処できるように考えられた護身術なのである。

こう述べたバートン゠ライトは独自の理論に基づいた護身術を紹介していくのですが、このバーティツが生まれた背景には彼の思想や哲学だけでなく、「時代」も大きく関係していました。

時代背景——恐怖と不安の街ロンドン

高度な経済成長を遂げたロンドンは１９００年前後には世界の貿易と金融の中心地となっており、科学、芸術、文化の発信地でもありました。しかし、そんなきらびやかな社会の裏側には貧困と犯罪が蔓延しており、至るところが無法地帯となっていました。なかでも１８８８年から１８９１年まで続いた「切り裂きジャック」の事件はバーティツが発表される１８９９年になっても解決されておらず、人びとに恐怖を与え続けていました。一歩外に出ればいつ犯罪に巻き込まれてもおかしくないロンドンで、犯罪者の恰好の獲物となったのは裕福な上流階級や中産階級の人びと。恐怖におびえる彼らにとって『ピアソンズ・マガジン』に掲載されたバーティッツの記事は関心を集めるには十分すぎるほどでした。

運動不足に悩む人びと

当時のロンドンの人びとには犯罪に巻き込まれる不安のほかに、もうひとつ不安なことがありました。それは心と身体の健康に関する不安です。テクノロジーの発達により、肉体労働の必要がなくなった人びとは慢性的な運動不足に陥っており、かつての大英帝国紳士の凜々しい姿は消え去ってしまっていたのです。そして、紳士たちはみな栄光に輝く大英帝国を復活させるべく、自身の肉体に目を向けるようになります。バーティッツはこういった紳士たちの注目をも集めていったのです。

開国による「日本ブーム」

さらにバーティツにとって幸運が舞い込みます。それはロンドンにおける「日本ブーム」です。江戸時代、日本は鎖国によって対外貿易を制限していたので、イギリス人は日本の文化をほとんど知りませんでした。先に述べたとおりロンドンは恐怖と不安に包まれていたので、見たこともない日本の文化は人びとの関心を引きつけ心を明るくしました。

このような背景から彼が考案した「新しい護身術」はまたたく間にロンドンに広まり、さらには世界中に広まることになります。そして、１９００年には道場を設け、いよいよ本格的にバーティツを教えはじめます。

バーティツの衰退

時代が追い風となって注目を浴びたバーティツに、バートン＝ライトは絶対に成功するという自信を持っていました。広くて明るい道場には谷幸雄や上西貞一、そしてピエール・ヴィニー（Pierre Vigny）というすばらしい指導者が揃い、新しいことを学ぶのに必要なものがすべて用意されていましたから、バーティツを習いに来る人であふれかえると彼は思っていたはずです。しかし、実際のところ道場の経営はうまくいかず、１９０２年にはほとんど機能していませんでした。そして１９０３年には完全に閉鎖となります。指導者たちもおのおのが別の道を歩むこととなり、創始者のバートン＝ライトも理学療法士としての道を歩みはじめたことから、バーティツの歴史は事実上の終焉を迎えることとなります。

謎の格闘術「バリツ」

1903年、バーティッツが再び注目される出来事が起こります。それは、アーサー・コナン・ドイルのシャーロック・ホームズシリーズにバーティッツを連想させる格闘術が登場したことにはじまります。

アーサー・コナン・ドイル
Arthur Conan Doyle by Walter Benington, 1914

1894年、ドイルは『ホームズ最後の事件（*The Final Problem*）』の結末で、シャーロック・ホームズをライヘンバッハの滝から奈落の底へと落としましたが、名探偵復活を望む世論の波に押され、ホームズを復活させなくてはいけなくなりました。ワトスン博士の弁により、ホームズがステッキ術、ボクシング、剣術の達人であるのはファンならばだれもが知るところです。そこでドイルが名探偵奇跡の脱出劇を生みだすため、当時の格闘技ブームに着目したのはごく自然な流れだったのかもしれません。

そして1903年に発表された『空き家の冒険（*The Adventure of the Empty House*）』で、ドイルはモリアーティ教授との死闘を回想するホームズの言葉に「Baritsu（バリツ）」という単語を登場させます。

「崖っぷちから落ちかけたぼくたちは一瞬ふたりそろってよろめいたんだ。でもぼくは日本の格闘術であるバリツを少々かじっていて、何度もそれに救われたことがあってね。ぼくをつかんでいる手をするりとすり抜けると、教授はおそろしいような悲鳴をあげて何秒か足をばたつかせ、空をつかもうと両手を振りまわした。だけど必死の努力もむなしく、ついに崖から落ちてしまったのさ」

作中でバリツは「日本の格闘術」とだけ書かれており、それ以外の説明がまったくありません。当時の日本はもちろん、現在の日本にもバリツという格闘術は存在していないので、ファンの間でバリツはいったいどのような格闘術なのかという議論が巻き起こります。

そしてあるとき「バリツはバーティツのことではないか?」と推測するファンが現れます。しかし、この推測はすぐに否定されます。なぜなら物語と現実の時系列に矛盾が生じるからです。バーティツがつくられたのはモリアーティ教授とホームズの死闘のあと。つまり、『最後の事件』のときには存在しないはずのバーティツをホームズが知っているということになり、ここに矛盾が生じてしまうのです。

結局、ホームズの「バリツ」の正体は謎のまま、真実はコナン・ドイルのみが知るものとして今日に至っています。

バーティツの復活

このような社会現象により再び注目されたバーティツですが、道場を閉鎖した後のバートン＝ライトは理学療法士として独自の研究に打ちこみ、二度と道場の門が開かれることはありませんでした。そして1951年、バートン＝ライトがこの世を去り、同時にバーティツの歴史にも終止符が打たれました。そして、彼の死後間もなく、バーティツは人びとから忘れ去られてしまいます。

しかし2002年、バートン＝ライトがバーティツの道場を閉鎖してから100年となるこの年、世界各地に散らばるバーティツ愛好家たちのネットワークが作られます。このネットワークが今日のバーティツ協会（The Bartitsu Society）となるわけですが、バーティツが復活できたのは彼らの研究や活動があったからなのです。

バーティツの現在

現在、バーティツは協会の活動を中心に世界各地で体験できるようになりました。おもしろいところでは、バーティツが19世紀の護身術であることから、「スチームパンク・マーシャルアーツ」として展開されることもあるようです。

本書は『ピアソンズ・マガジン』に掲載されたバーティツに関する記事を翻訳したものです。バーティツを知るうえでは必ず読まなければならないものなので、どうぞゆっくり時間をかけて楽しんでください。

本書を通して、バーティツの魅力が伝われば幸いです。

第1章

THE NEW ART OF SELF-DEFENCE

新しい護身術

◆

Part 1

Pearson's Magazine

『ピアソンズ・マガジン』1899年3月

「崖っぷちから落ちかけたぼくたちは一瞬ふたりそろってよろめいたんだ。でもぼくは日本の格闘術であるバリツを少々かじっていて、何度もそれに救われたことがあってね。ぼくをつかんでいる手をするりとすり抜けると、教授はおそろしいような悲鳴をあげて何秒か足をばたつかせ、空をつかもうと両手を振りまわした。だけど必死の努力もむなしく、ついに崖から落ちてしまったのさ。崖っぷちから覗いて見たら、延々と落ちていく教授の姿が見えた。やがて岩にぶつかって跳ね返り、水しぶきを立てて滝つぼに落ちてしまったよ」

――『空き家の冒険』
サー・アーサー・コナン・ドイル（１９０３）

護身術についての詳細な解説をする前に、まずは他の国々において一般的に護身術がどのように理解されているかを紹介させていただきたい。イギリスやアメリカとは違い、他国では娯楽や気晴らしのために人びとが戦うようなことはない。ようするに外国の人びとが戦い、喧嘩する目的はただひとつ、相手を打ち倒して勝利することだけだ。そのためにはあらゆる手段が正当化され、用いられるのである。

むろん、戦いにおいて何をもって名誉とするかは幼少期の訓練や教育によって異なる。この国でわたしたちは、戦いを解決するうえでもっとも名誉となるのは自然の武器、つまり拳に頼ることであり、相手がダウンしているあいだに攻撃を加えるのは卑劣な行為であると教わり、育てられる。

しかし外国においては椅子、ビール瓶、ナイフをはじめ、使えるものならためらうことなくなんでも使うことも考えられるし、武器が見つからない場合にはわたしたちが卑劣と考えるような手段に打ってでることもある。いきなり不意打ちをくらうなどの不測の事態に備えるべく、わたしは新しい護身術を考案した。俊敏な熟練者が使うことにより、おそろしい力を発揮する護身術である。この護身術のもっとも優れたところは、使い手が強靭《きょうじん》であったり、訓練を受けていたり、人よりも運動にたけた者でなくとも、手強い相手を屈服させられることだ。相手がボクサーであったりナイフや棒を持っていたとしても、それは変わらない。相手が武装していようがいまいが関係なく、あらゆる攻撃に対処できるように考えられた護身術なのである。

もちろん、こんな短い文章でこの護身術のすばらしさを語りつくすことなど不可能だし、攻撃に遭遇したり、逆に攻撃をしかけたりする場合に使えるさまざまな方法をすべて説明することもできはしないが、要点をあげるとすれば次のようになる。

❶ 相手のバランスを崩す。

❷ 相手が体勢を立て直して身構える前にしかける。

❸ 必要とあらば、首、肩、肘、手首、膝、足首などに、解剖学的にも力学的にも

相手が抵抗できなくなるような負荷をかける。

これから写真つきの説明文をあげるが、これは**「てこの原理」**と**バランス**を使えば、たとえ体格が貧弱な者であろうとも、そうした知識を持たない屈強な男を相手にさまざまな方法で戦えることを示すものである。

なかには一見むずかしそうに見える技もあるだろうが、注意深く説明に従い、写真に示された立ち位置を完全に理解すれば、地道な練習を積むことによって簡単に使えるようになるだろう。相手がそんな立ち位置に従うわけなどないと思う人もいることだろうが、忘れてはいけない。わたしたちは自分から喧嘩をうったり襲いかかったりしたいわけではなく、ただ己の身を護りたいだけなのだと。相手が決まった位置に立っている必要などありはしない。この護身術はあらゆる局面を想定してつくられており、防御もカウンターも、相手がどんな戦術を採ってくるかで決まるのだ。写真で解説されているのは、もっとも一般的な攻撃に対する防御法だけである。

わたしがとにかく強調したいのは、この**護身術を極めなくともここに紹介する技の数々を理解することができる**ということである。警官が犯人を取り押さえようとする場合、その気になれば腕を折ってしまうこともできるだろうが、わざわざ折らなくても目的は達成できる。この護身術もそのように、相手に大怪我をさせる前に相手のほうから「参った！」と悲鳴をあげることだろう。

ナイフなどの武器を手に襲いかかってくる相手から簡単に武器を取りあげることができるという意見には、反論もあるだろう。わたしはその方法を写真つきで紹介しているわけではないが、これは、掲載は適切ではないと判断した編集者からの提案を受け、わたしが意図的に削除したものである。もし『ピアソンズ・マガジン』の読者の中にあらゆる攻撃に対処する術を学びたいという人がいたら、わたしに直接申しこんでいただきたい。

ともあれ、ナイフを使った襲撃に対処するシンプルかつ効果的な方法がひとつあるので、紹介させていただこう。たとえば、拳銃を持ち歩いたりするのは嫌だが、だれかに襲われかねない危険な地域を夜更けに通らなくてはいけないとする。

袖に腕を通さず、コートを軍隊のマントのように肩にかけ、必要とあらば次に説明する方法でコートを使えるよう右手を左肩にかけておく。常に道のまん中を歩くよう心がけること。相手が攻撃をしかけてきたら、2～3メートルの距離で相手と正対する。そしてコートを握った手で円を描くように振り、相手の頭と腕をコートでくるんでしまう。すると相手は一瞬だけ視界を奪われるので、こちらから攻撃をする時間がたっぷり手に入る。たとえば、相手の腹に右パンチを叩きこんでもいいだろう。

◆

コートを軍隊のマントのように肩にかけ、右手を左肩に置いて構える（図1）。相手が襲ってきたらすぐ正面から向き合

図1

図2

い、相手が2〜3メートルの間合いに入るのを待つ。

そして弧を描くように右腕を振って、コートで相手の頭と腕をくるんでしまう（図2）。

これですこしのあいだだけ相手の視界を奪い、余裕を持って攻撃するだけの時間が手に入る（図3）。

相手がまだコートを振り払えずにいるあい

図3

図4

だにすばやく背後にまわりこんで右の足首を取り、左手で左の肩甲骨の下を押す（図4）。

するとと相手はどうすることもできずに顔面から地面に倒れこむが、なんとか体勢を立て直して顔を護ろうとして、武器から手を離すことになる。そしてすっかり丸腰になり、あなたがその気になれば脚を折ることもできる姿勢で地面に転がる（図5）。

◆

図5

これは、こうした不測の事態においてわたしが知っている、たくさんの技のうちのひとつにすぎない。わたしは長いことポルトガルで暮らしていたが、そのあいだにナイフやクウォーター・スタッフ〔180センチほどの長さの棒〕を持った男たちに何度も襲われた。そして、そのたびに、無傷で相手を無力化してきたのである。

この新しい護身術はどんなものかをひと口で説明するとしたら、三百種類もの投げ技、打撃、カウンター、そしてバランスとてこの原理を利用した技の数々から構成されている。

厄介者を部屋から追い出す（その1）

厄介な客人をいち早く部屋から追い出すのがどれほど重要かは、わざわざ改めて説明する必要もないだろう。その方法を知っておくことには、計り知れないほどの価値がある。ここではふたつの方法をわかりやすく説明するとしよう。まずは、自分に殴りかかってきた相手の撃退法である。

◆

右手を上げてパンチから顔面をガードしながら、左手を使って相手の左手首をつかむ。両足の位置はそのままに、左手で相手を自分のほうに引っぱる（図1）。

図1

それから体を反転させ、右腕で相手の上腕を抱えこむ。

次に右手を相手の左腕の下に差しこみ、自分の左手首をつかんで相手の腕をロックする（図2）。そして自分の両腕を伸ばせば、てこの原理によって相手の肘に強烈な圧力をかけられ、もし相手が抵抗すれば、そのまま折ってしまうこともできる。てこの原理をしっかりと利かせれば、相手はあなたを殴ることができないばかりか、いかなる反撃も不可能になる。

◆

戦わなくてはいけない場面でもこの技を使うのに気が進まないのなら、つけ加えておこう。この技を受けた相手は、まだ大怪我にはほど遠いような状態だというのに、

図2

降参せざるを得ないくらいに強烈な痛みを味わうことになるだろう。

厄介者を部屋から追い出す方法を知っておくことがどれだけ大事かは、わざわざ説明する必要もないはずだ。**この方法さえ知っていればどれだけ役に立ったことか、**というケースは枚挙にいとまがない。友人相手に試してみればおわかりいただけると思うが、わたしが紹介する技に抵抗できる者などだれもいないのだ。

顔面を狙ってきた相手を無力化する

これは、もっとも役に立つ技だ。新しい護身術を学ぶのであれば、これを完全に理解するといい。仮に、相手がまずあなたの顔面を狙って攻撃をしかけてくるとしよう。最初の一手はもっともむずかしいが、この技術はすぐに習得できるし、そうすれば残りは簡単に身につけられるだろう。

◆

さて、相手はあなたの顔面を右の拳で殴ろうとしている。あなたは左腕を上げてガードし、前腕でその拳を受け止める（図1）。そうしたらその左腕を滑らせ、相手の手首をつかむ（図2）。要

図1

図2

求されるのはすばやく無駄のない動きのみだが、最初の一回で確実に相手の手首をつかまなくてはいけない。次は左足を横に踏み出して右の拳で相手の耳の後ろを打ち（図3）、相手がバランスを崩したらすばやく自分の右脚を相手の右脚の後ろに入れる（図4）。そして腕の外側で相手の上腕、つまり肩から肘までのあいだを押さえつける。

そのあいだも、相手の右手首をつかんでいる左手はけっして緩めないこと（図5）。

左手で相手を自分のほうに引き寄せて体の重みを相手の右腕にのせると、相手はバランスを失い、簡単に地面に転がすことができる（図6）。

図3

図4

◆

相手が左拳で攻撃してきたときにも、もちろん同じ戦術が使える。この場合は右腕で攻撃を受け止め、そのまま手を滑らせて相手の手首をつかみ、先ほど解説したとおりに技をかければいい。

解説の写真を見ればわかるとおり、相手役の男は日本の武術で使われる道着を身につけている。彼は日本の武術の達人であり、これらの写真も実際に日本で撮影されたものだ。わたしが解説する技のほとんどは、日本流の格闘術を基礎とするものだ。

図5

図6

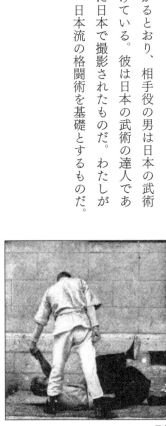

背後からの奇襲で羽交い締めにされ両腕を封じられてしまったら（その1）

どこかひとけのないところで、背後から思いがけない奇襲を受けてしまったと想像していただきたい。相手の両腕が自分の体をがっしりと羽交い締めにして、両腕を脇から動かすこともできない。一見、どうしようもないように思えるのではないだろうか。もがいたり蹴りつけたりして相手を振りほどかないことには、何もできずに仰向けに投げ飛ばされてしまうのではないかと。だが、次の解説どおりにすれば、ほんの数秒後にはあなたではなく相手のほうが仰向けに倒れることになる。

◆

羽交い締めにされて両腕を体の脇から動かせなくなったら（図1）、まずは前かがみ

図1

図2

になって両肘を思いきり外に広げ、上にあげる。

羽交い締めにしている相手の両腕が肩をすり抜けるよう、膝を曲げて頭を低くする（図2）。

すると、両腕が自由になる。実際にやってみればわかるが、この動きは非常に簡単だ。相手の腕から逃れたら左手で相手の右手首を、そして右手で相手の着衣の肩をつかんで右膝を地面に、右から左に体重を移動させながら、右肩ごしに相手を引っぱる（図3）。

図3

相手は派手な音を立てて、仰向けに地面に転がっているはずだ（図4）。

◆

この技はほんの一瞬であり、わたしが説明したような**緊急事態にはいかなる場合でも役立つ**ものである。

図4

腰のベルトをつかまれたり、コートのポケットをつかもうとされたら

ベルトをつかんできた相手を数秒のうちで仰向けに倒すには、４つのシンプルな動作だけでじゅうぶんだ。

図1

◆

左手で相手の右手首をつかむ（図1）。

右足を踏み出して横に一歩移動し、右拳で相手の横っつらを思いきり殴りつける。いわゆる「裏拳」である（図2）。

図2

図3

相手の動きが止まったすきに右脚を相手の膝の裏側に入れ、同時に相手の右肩を思いきり押す（図3）。

相手はバランスを失い、どうしようもなく仰向けに倒れるはずだ（図4）。

◆

では、あなたのコートのポケットに手をかけようとした相手を投げ飛ばす、別の方法をもうひとつ紹介しよう。

図4

図1

◆

相手が右手で攻撃してきたら、その手首を左手でしっかりとつかむ（図1）。

右手を相手の首にかけ、喉元に親指を食いこませる（図2）。すると相手は強烈な痛みに襲われ頭を下げ、後ろに逃れようとして前かがみになる。

相手がバランスを崩したらそのすきに相手の右膝の裏に自分の右脚を入れながら、相手の右肩を思いきり押す（図3）。

そうしたらさっきと同じように、そのまま相手を投げてしまえばいい（図4）。

図2

図3

図4

あなたの襟をつかんでいる相手の右手を振りほどき、投げ飛ばす

相手は左手であなたの時計でも奪うつもりだろうか、右手であなたの襟をつかんでいる。犯行を未遂に終わらせ、この強盗を逃すことなく警察に引き渡すため仰向けに地面に転がすには、どうすればいいだろう？　ぜひ、次の解説を参考にしてほしい。

◆

真正面に向き合って相手の右手首を左手でつかむ。手の甲が上にきて、親指が相手の手首の下にまわりこむようにする

図1

図2

こと（図1）。次に左足を一歩、左側のやや前方に踏み出す（図2）。

これにより、次の一歩で簡単に自分の右脚を相手の右脚の裏に置くことができるようになる。横に踏み出したらすぐさま体を左にひねり、右の拳で相手の耳の後ろを打つ（図3）。

（この技を使う際には、わたしが解説する技の多くと同じく、パンチを叩きこむふりをするだけでいい。このパンチの目的は相手に怪我をさせることではなく、それを避けようとした相手の頭をのけぞらせ、その結果バランスを崩させることにあるのだ。）

相手がバランスを崩したらすばやく自分の右脚を相手の右脚の後ろに入れる。そして腕の外側で相手の上腕、つまり肩から肘までのあいだを押さえつける（図4）。

図3

図4

そのあいだも、相手の右手首をつかんでいる左手はけっして緩めないこと。

左手で相手を自分のほうに引き寄せて体の重みを相手の右腕にのせると、相手はバランスを失い、簡単に地面に転がすことができる（図5）。

◆

すべての動作は**可能なかぎりすばやく、そして正確に**おこなわなくてはいけない。相手にとってこの技の効果は壊滅的で、もはやなすすべもなくなるだろう。

図5

第2章

THE NEW ART OF SELF-DEFENCE

新しい護身術

◆

Part 2

Pearson's Magazine

『ピアソンズ・マガジン』1899年4月

突如、ドアが乱暴に開いたかと思うと、大男がひとり入り口に立ちはだかった。

「わしはストーク・モランのグリムズビー・ロイロット博士だ」

「これはこれは、先生」ホームズは落ち着いて返した。「さあ、どうぞ椅子におかけください」

「このままで結構だ。わしの義理の娘がここに来たろう。あとをつけてきたからわかっているぞ。あの娘からいったい何を聞いた？」

「この季節にしては、寒さが厳しいですな」ホームズが答えた。

「あの娘から何を聞いたかと言っているんだ」老人は、怒り狂って怒鳴った。

「しかしなんでも、クロッカスはよく咲いているという話ですが」わたしの相棒は、どこ吹く風といった様子で言った。

（中略）

「いやいや、お話できて本当に楽しかった。お帰りの際にはドアをお閉め願いますよ、隙間風がひどいものですからね」


――「まだらの紐」

サー・アーサー・コナン・ドイル（１８９２）

わたしが「バーティツ」と名づけたこの新しい護身術は、どのような手段で攻撃を受けようとも絶対に身の安全を確保することを目的として考案された。ボクシング、フェンシング、レスリング、サバットなど、よく知られた攻撃や防御の術を目指したものではない。だがこの護身術はそうした格闘術の優れたところをすべて組み合わせたものであり、ボクシングやレスリングをはじめ、**有名な格闘術が役に立たないような場面において、想像を超えるような力を発揮**してくれる。この護身術は入念に、科学的に考案されたものであり、その原理は バランス、てこの原理、そして人体構造に集約することができる。

厄介者を部屋から追い出す（その2）

選りすぐりの技の数々を紹介する前に「**平均的な体力の持ち主であれば、だれにでも習得し、そして実践できる**」ということを改めて言っておこう。多くの技はしっかりと訓練を積まなくてはマスターできないが、なかにはすぐに理解でき、ほんのわずかな練習だけで会得できるようなシンプルなものもある。

厄介者が部屋に入ってきて、今すぐに追い出したいと思っているとしよう。出ていってほしいと頼んでも、出ていけと命令しても聞いてもらえない。相手はあなたよりも大柄で、普通の方法で追い出せるとは思えない。だが、次の解説どお

図1

りにすれば、厄介者に面倒な思いをさせられることはない。

◆

相手の右手首を右手でつかみ、相手の腕の内側を上に向けさせる（図1）。

左足を相手のほうに踏み出して相手の右の上腕の下に左腕を差しこみ、左腕が下にずり落ちてしまうのを防ぐために相手の襟をつかむ。

つかんでいる腕を下に押すと、てこの原理により相手の肘に強烈な力が加わり、抵抗された場合にはそのまま折ってしまうこともできる（図2）。この体勢になれば、相手を部屋から追い出すのはたやすい。

図2

背後から捕まえ、力を使わずに転がす

相手のコートの襟をつかみ、膝の裏に足をかける（図1）。手を引いて足を突き出せば、相手はあっという間に仰向けに倒れてしまう。襟を離さずに右手を相手の首にまわして、喉笛に腕をあてる。次にコートがずれないよう左手で襟の折り返しをつかみ、右腕に全体重をのせて相手の喉笛に押しつける（図2）。もう相手は抵抗する力も完全に失い、その気になれば絞め落とすこともできるのだ。

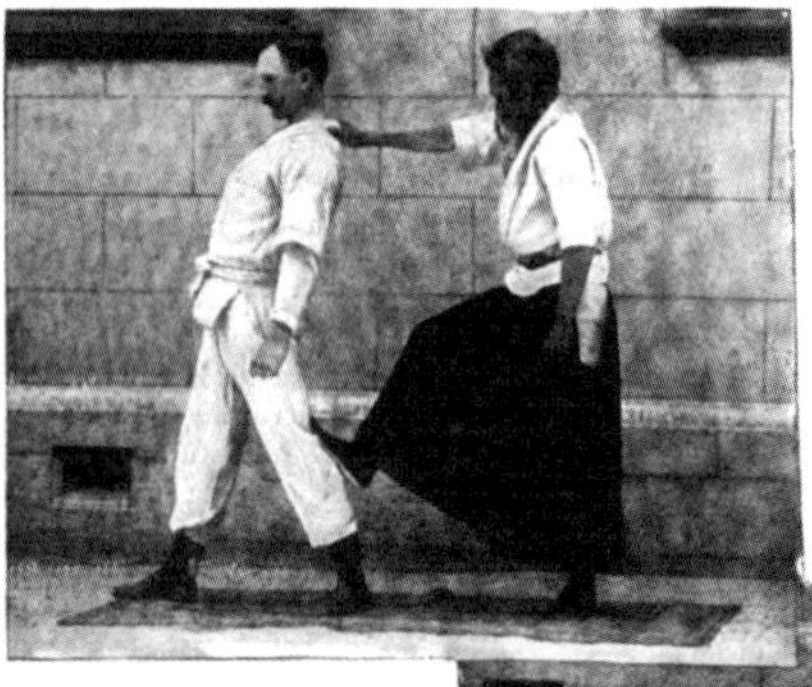

図1

図2

地面に倒れて動けない相手を押さえこむ

できるだけ早く相手の片足を取る。そのまま体の外側に向けてひねりを加えると、いともたやすくうつぶせに転がしてしまうことができる（図1）。

これができたらすぐ片手を放し、腕を使ってしっかりと相手の膝の裏を押さえこむ。そして力ずくで膝を曲げさせれば、相手が暴れようものなら膝でも足首でも折ってしまうことができるほど強力なてこの原理を得ることができる（図2）。

図1

図2

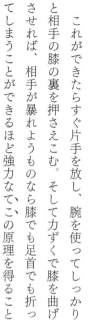

背後からの奇襲で羽交い締めにされ両腕を封じられてしまったら（その2）

いきなり背後から襲われて両腕を封じられてしまったら、逃れるのは簡単ではないと思う人も多いだろう（図1）。だが、まったくそんなことはない。次の方法を使えば相手の羽交い締めから簡単に逃れられるばかりか、たいした力も使わずに相手を地面に叩きつけてしまうことが可能なのだ。

◆

両腕を封じられたまま右足を上げ、相手の右足を強

図1

図2

烈に踏みつける。すると相手は安全な距離を取るために、すぐに離れようとする（図2）。

そこで相手の右脚を右手でつかみ、親指に思いきり力を入れて食いこませる。すると相手は激痛に襲われ、腕にこめていた力を緩める（図3）。

そのすきを逃さず右腕を相手の体にまわし、右脚を相手の左膝の裏にまわりこませる（図4）。

その脚の内側を相手の膝裏に打ちつけ、同時に左から右に自分の体を回転させる。すると相手はバランスを失い、防御もできないまま仰向けに地面に倒れることになる（図5）。

図3

図4

背後から襲ってきた相手に図1のように腕を押さえられてしまった場合、もしかすると相手は共犯者に正面からあなたを襲わせる気かもしれない。両腕が自由にならないのであれば、ポケットの中身も貴重品も、言うまでもなく相手のなすがままになってしまう。

このように襲ってきた相手の撃退法はもちろんひとつだけではないが、ここで紹介した方法は**もっともシンプルかつもっとも効果的であり、そのうえまったく力を必要としない**という利点まである。

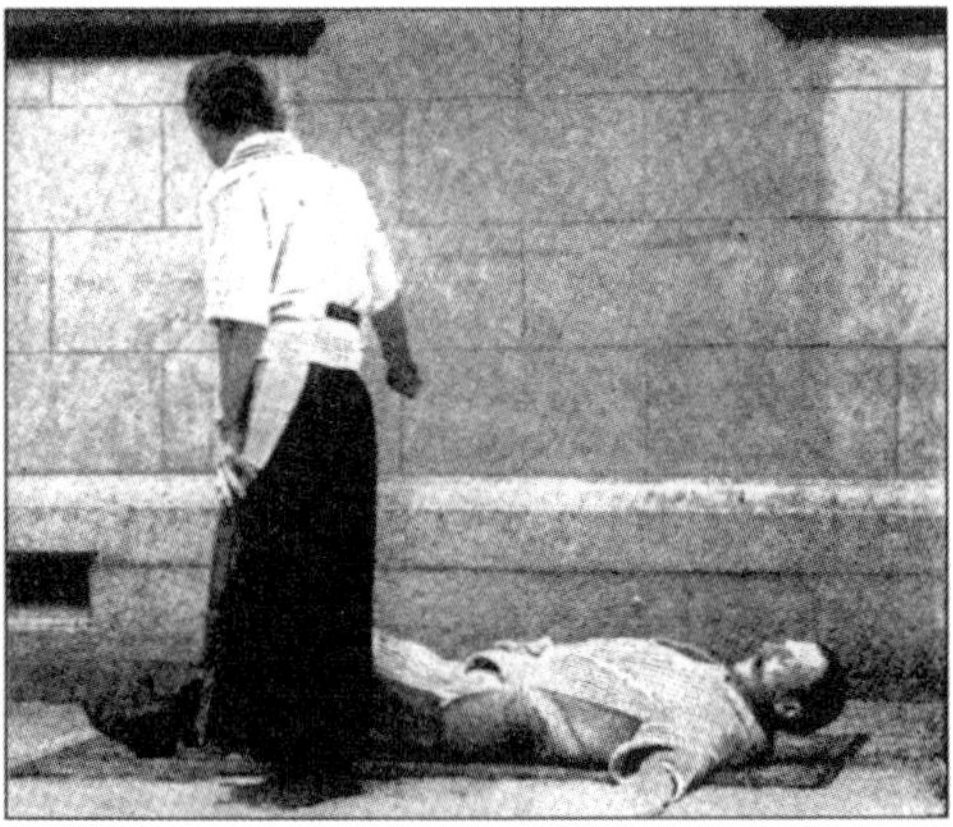

図5

技の解説に使われている写真の多くに登場する相手が日本の衣装を着ている理由を、ここで説明しておきたい。それは、この新しい護身術の理論の多くを、わたしが日本で手に入れたからである。格闘術について日本は昔から有名であり、相手を無力化するために使われる技の中には、驚くほど独創的なものがたくさん存在している。

相手に両手首をつかまれてしまったら

では、いきなり悪漢に襲われて両方の手首をつかまれてしまったと想定しよう。ここで有利なのは、もちろん相手だ。しかし、次の方法さえ使えばあっという間に相手を投げ倒すことができる。

◆

もし相手が右足を前にしているのなら、自分も右足を前にする（図1）。

次に左手で相手の左手首をつかみ、いきなり右腕を下におろして相手の右手を振りきる。自由になった右手で相手の右手首をつかみ、思いきり下におろして左手首をつかむ相手の手を振りほどく。これに成功したらすぐさま相手の右手が左の前腕と交差するようにして、右肘が左腕の中心にくるように引っぱる（図2）。

図1

図2

図3

そして、右腕をしっかりと押さえながら相手の左腕を持ち上げる。すると相手は自分の意思とは関係なく、宙返りするようにして背中から地面に倒れることになる（図3）。

ここで手首を放さずにおけば、あとはあなたの思うがままだ。

◆

友人相手にこの技を練習する場合には、図2の体勢から宙返りを強いるほど力を入れる必要はない。そのためには相手の両腕を交差させて、この原理を使えるようになったなら、できるだけ低く、地面に触れられそうなほど低くかがむこと。こうすれば、宙返りで友人が怪我をしてしまうリスクを排除できるし、図3にあるように簡単に地面に転がしてしまうことができるからだ。

この技は一気にではなく、ゆっくりしかけること。急いでかけてしまうと、下手をすれば友人の腕を折ってしまうことになるからだ。

襟の折り返しをつかんできた相手から逃れ、投げ飛ばす

コートの襟をつかんできた相手というものは往々にして、そうすると自分の顔面が完全に無防備になってしまうことをすっかり忘れてしまっている。よってこちらの最初の行動は、相手の顔を右拳で殴ることだ（図1）。（もし友人と練習している場合は、相手を殴るふりをする。）こんなアドバイスなど不要に思えるかもしれない。だがこのような局面に遭遇した場合、とっさに両手を相手の腕にかけて振りほどこうという衝動に駆られてしまうことがあるものなのだ。だがこのような方法では、とても抵抗できるものではない。**「最初の一発は、相手の顔面を狙う右拳だ」**と、しっかり憶えておいてほしい。

◆

それでも相手の腕から逃れられなかった場合は続けて、相手が伸ばした両腕のあいだに右の前腕を入れ、相手の右前腕の外側まで突き出す。次に自分の右手首を左手でつかめばてこの原理が使えるようになり、簡単に相手の腕をねじってほどいてしまうことができるのだ（図2）。相手がものすごい握力を持つ屈強な男である場合は、一連の動作をすばやく済ませてしまわないと逃れることはできないので気をつけたい。腕をほどかれた相手はあなたに対して横向きになっている（図3）。そのすきに相手の背後に左脚を入れ、胸の前に左腕を突き出しつつ右脚を取り、相手を仰向けに倒してしまう（図4）。

図1

図2

図3

図4

相手にコートをつかまれ揺さぶられる——相手からどう逃れ、どう投げ倒すか

いいように揺さぶられるのは、とても屈辱的なものだ。そして強烈な不快感を味わわされるものだ。一度そんな場面を目撃したことがあるが、頭を前後に揺さぶられながら男が顔に浮かべていたあの無力感と絶望感をわたしは忘れることができない。彼の体は四方八方に揺さぶられ、最後には強烈な勢いで地面に叩きつけられてしまったのだ。

経験者ならばわかることだが、ひどく揺さぶられるというのは本当におそろしい、絶望的な体験だ。ところが、この揺さぶりが攻撃手段として用いられることはけっして少なくない。特に、屈強で大柄な男が自分の腕力や体軀を見せつけたり、自分より小柄な相手を殴って卑怯者だと思われるのを避けたりするために使うことが多い。そ

図1

図2

して猛烈に揺さぶられると、人はあっという間に力を奪われ倒れてしまうこともあるのだ。そのため、コートをつかんで揺さぶろうとしてきた相手を無力化する方法は、ぜひとも知っておきたいのである。

そこで、実に効果的な方法を解説しよう。

◆

つかまれた瞬間、両手で同時に相手の顔面を殴りつけ（図1）、相手の手首めがけて一気に両肘を叩きつける（図2）。

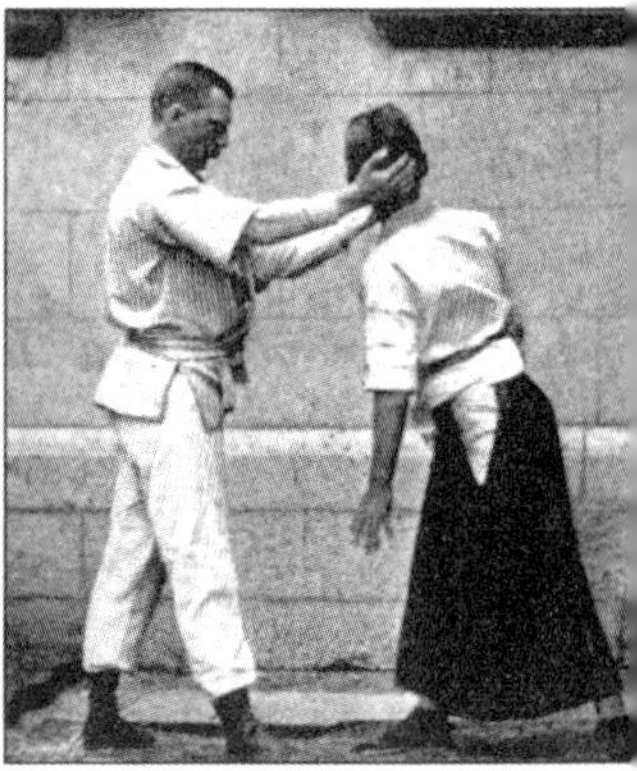
図3

図4

すると相手は手を離し、ほんの一瞬だが頭をややうつむかせる。

その瞬間を逃すことなく右手を後頭部に、左の手のひらをあごにかけ、相手の頭を捕まえてしまう（図3）。

次に左足を相手のほうに一歩踏み出し（ここが、つかんだ首に円運動をしかけるための支点になる）、思いきり仰向けに投げ飛ばしてしまうのだ（図4）。

右手で顔面に殴りかかってくる相手から防御する

顔面を殴ろうとしてくる相手に対処する方法は、すでにひとつ紹介した。ここではもうひとつ、おそろしいほどの威力を持つ別の方法を解説しよう。

この新しい護身術の利点を考えるうえで憶えておいていただきたいのは、襲いかかってくる相手を投げ飛ばすためにはどんな手段でも使うべきときがある、ということだ。だがこれから紹介する技は、よほど危険な場合を除き手加減しておこなうべきだろう。

◆

右の前腕で相手のパンチを受け止める（図1）。

そのまま腕を上に滑らせて相手の手首をつかんですこし自分のほうに引っぱり、左手で相手の肘を取る（図2）。

図1

図2

図3

右手で引っぱられた相手は、本能的にその力に抗おうとする（図3）。

そうしたら、体を引こうとする力を利用して、腕を相手の方向に曲げる（図4）。

同時に右足を一歩踏み出して相手の右脚の後ろに入れ、つかんでいる肘を斜め上方向に、手を逆に斜め下方向に押す。すると相手は激痛に襲われ、仰向けに倒れるしかなくなる（図5）。

握った手を緩めずそのまま地面に組み伏せておけば、すぐにでも相手の腕を折ることができるほど優位に立てる（図6）。

むろん、左手で攻撃してきた相手にもこの技は有効だ。左腕で攻撃を受け止め、相手の左手首を取り、前述のように投げ飛ばしてしまえばいい。

図 **4**

図 **5**

図 **6**

背後から襟をつかんできた相手から逃れる方法

背後から襲いかかってきた相手にコートの襟をつかまれてしまうケースは、けっして珍しくない。このような攻撃を受けてしまうと、自分には抵抗の手段などなく相手のなすがままだと感じてしまい、両手を効果的に使うこともできないまま仰向けに転がされる恐怖に襲われるものである。

そんな目に遭わないためにも、すばやく対処する。

◆

襟をつかまれたらその瞬間に体を反転させて相手と正面から向かい合い、肘のすぐ下を左手でしっかりとつかむ。そして**肘のすぐ内側にある突起（尺骨神経**

溝）に圧力をかける（図1・2）。

すると相手は耐えがたい苦痛に襲われ、つかんでいた手をすぐに放してしまう。そうしたら、肘をつかんでいる左手で相手の右腕を持ち上げ、相手の右脚の後ろに右足を踏み出す。すると簡単に右手で相手の喉を押さえることができるので、そのまま仰向けに押し倒してしまえばいい（図3・4）。

図1
図2
図3
図4

◆

「そんな危険に襲われている最中に、一瞬で相手の肘の内側の突起を見つけられるわけがない。しかも相手が厚手のコートを着ていて感触が探れないなら、なおさら無理な話だ」という反論もあるだろう。この反論は的を射ている。親指で急所を見つけ出すには、少々練習が必要だが、この技は、試したことのない人が想像するほどむずかしくはない。

この方法でも相手の手を振りほどくことができない場合には、肘関節を思いきり下から打てば相手の手から逃れることができる。相手が手を放したら左手でそれをつかんでまっすぐ突き上げ、解説したとおり、そのまま相手を押し倒してしまう。

相手に右腕をつかまれてしまったら

両手であなたの右腕をつかんできた相手を無力化したいのなら、こんな方法がうってつけだ。

◆

腕をつかまれたら（図1）すぐに、右手を自分の左肩に向かって上げる。もし相手が屈強で右手を動かせないのであれば、右足をやや踏み出して膝を曲げ、右手と左肩がだいたい同じ高さになるようにする（図2）。次に両膝を伸ばし、相手に対して体を横向きにする。そうすれば、いつでも好きなときに相手の手を振りほどくことができるようになる。

図1

図2

ここまでできたなら、狙った方向にめいっぱい力を加えることができるよう両足の位置を調整する。これにより、腕をひと振りするだけで簡単に相手を投げ飛ばすことができるようになる。だが力を加える前に両膝をたっぷり曲げ、準備をすること。そうしたら思いきり腕を動かすと同時に曲げた膝を伸ばして上に向かう力も加え、相手のバランスを崩してしまう。すると相手は半身になり、顔のすぐ前にあなたの右手があるはずだ。

次に相手の背後に大きく左足を踏み出して右手であごを、左手で後頭部をつかむ（図3）。

左足をもう一度大股で右足の後ろに戻し、両手でつかんだ頭にひねりを加えると、相手は仰向けに地面に倒れる（図4）。

図3

図4

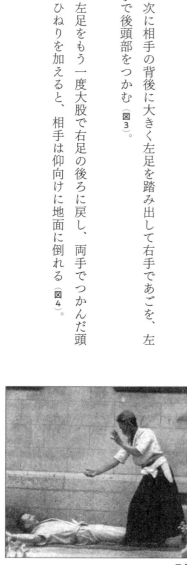

第3章

THE NEW ART OF SELF-DEFENCE

杖を使った護身術

◆

Part 1

不利な状況で襲われたとき
杖や傘を使って身を護るには

Pearson's Magazine

『ピアソンズ・マガジン』1901年1月

シャーロック・ホームズはさっと飛び出して侵入者の襟元をつかんだ。もうひとりが穴に飛びこみ、ジョーンズがつかんだ裾が引き裂かれる音が聞こえた。回転式拳銃《リボルバー》の銃身がきらめいたが、ホームズは狩猟ムチを男の手首に振り下ろした。拳銃が敷石の上に落ち、硬い音を響かせた。

——『赤毛同盟』
サー・アーサー・コナン・ドイル（1891）

はじめに

杖を使った新たな護身術を初めて紹介するにあたりご理解いただきたいのは、これはシングルスティック〔スコットランドの剣術訓練用の木剣〕や剣を使った技とは根本的に違うということだ。シングルスティックや剣の扱いにいかにたけている者であろうとも、防御のために武器として杖をうまく使えるかというと、まったく思うようにできないものなのである。この理由は実にシンプルで、シングルスティックや剣では相手の攻撃をいつでも鍔《つば》で受け止めるが、鍔を持たない杖で同じようにすると、受け止めた相手の一撃が杖を滑り下りてきて、そのままこちらの手を攻撃して使えなくしてしまうからである。そのため、護身の道具として杖を使うためには、指を打たれて武器を使えなくなるリスクを回避するため、受け止めた攻撃が手のほうに向かうのではなく、手から離れる方向へと滑っていくように防御する技を考案しなくてはいけないのだ。

フランス人のP・ヴィニーは十五年にわたる労苦の末、それを可能とする護身術を編み出した。このステッキ術を近ごろわたしが、ロンドンのシャフツベリー・アヴェニュー67Bの"School of Arms and Physical Culture"で教えている〈バーティツ〉という独自の護身術へと採り入れたのだ。

杖を使う護身術においてはシングルスティックや剣の場合とは違い、親指を他の指の上から巻きつけるようにして杖を握る。そのため杖を操るには指ではなく手首が要《かなめ》になり、単純に肩から振り下ろすのではなく、腰を使って体ごと回転させなくてはいけない。そうすることにより、手にしているのがただの杖であろうとも、相手の頸静脈をコートの上からでも叩き切ってしまうほどの威力を生み出すことが可能となるのだ。

間合いで防御する
——相手との間合いを広げ、攻撃を受けるリスクを回避しつつ相手を射程に捉え続ける

さて、わたしがこれから説明する防御法を「抵抗による防御」と区別するために「間合いによる防御」という。この防御法では、手を使って攻撃を食い止めたりすることなく、**前足を左から右に替えるだけで攻撃をかわす方法**をお伝えしたい。つまり左足が前に出ていたもとの構えから、体を反転させて右足を前に出すわけだ。こうすることで確実に相手の攻撃をよけ、自分の攻撃を当てられるようになるのだ。

図1

◆

間合いを使っての防御では、リア・ガードの姿勢を取る——左足を前にして軽く膝を曲げ、右手は頭の上に構え、左腕はしっかりと体の前に出す（図1）。気をつけていただきたいのは、これを簡単にこなせるようになるにはそれなりの訓練が必要になるということだ。しかしじゅうぶんに体が使えるようになれば、この構えは非常に安全かつ信頼のおけるものになるだろう。相手との間合いが変わらないようじゅうぶんに注意し、相手が前に出たら下がり、相手が下がったら前に出ること。そうして後出しゲームをし、わざと相手に頭や腕をさらすことにより攻撃を誘い、攻撃の兆候が見えたらすぐに後退できるよう準備をしておくわけだ。相手は無防備なあなたの左腕に誘われてそこを攻撃しようとするので、

図2

さっと左腕を引っこめて背後で上に振り上げる。

こうして腕を振り上げるとそれに連動して左足が右足の後ろに大きく下がり、下半身が相手の射程の外に出る。同時にこの動作によって右腕に初動がつき、相手の頭に杖による強烈な一撃を振り下ろすための勢いになってくれる（図2）。

相手の杖の射程から外に出つつ攻撃をする

目指すべきは常に相手になんらかの攻撃を繰り出させること、それをガードすることにより大きな有利を得ること、そしてカウンターの攻撃を叩きこむことだ。たとえば頭への攻撃を誘うには先ほどの技で解説したリア・ガードの姿勢を取るが、あまり腕を見せずに頭を前に突き出し、無防備に見せかける（図1）。相手が愚かにもこれに食いついたなら、左足をさっと右足の後ろに引くことで、あっという間に射程外に逃れることができるのだ。この動きにより右半身に反動がつき、相手の拳を簡単に叩き割ることができるほど強烈な一撃を叩きこむことができるのである（図2）。

図**1**

図**2**

両手で杖を使う——軽い杖を持った相手に襲われたときに、片手では扱いきれない重い杖を持っていたら

杖を使った護身術をマスターするには、両手で杖を扱う方法をしっかりと身につけることが重要だ。さもなければ、片手でうまく扱えないほどの重い杖を持っているときに、片手で軽々と扱える杖を持った相手に襲われた場合、それだけでかなり不利になってしまうからだ。

両手での一撃を相手の頭に叩きこむには、まず防御姿勢を取る。両手持ちの姿勢で杖を持って頭上で水平に構える姿勢

図1

だ。**手のひらを外に向け、杖の両端を親指で挟むようにして持つ**こと（図1）。この構えの優れたところは、どちらの端を使って攻撃するつもりか相手にまったくわからないことだ。

◆

おすすめは、重いほうの端を右手で持ち、そちらを相手めがけて振り下ろす。

振り下ろすときには、杖の右端を握っている右手を一瞬放して、すばやく手のひらを返し、親指が顔のほうを向くように持ちかえる。このときの右手は、左手を支点にして円を描くように左にスライドさせる。そして、杖を振り抜けば、相

図2

手の顔面を襲う強烈な一撃が繰り出される。逆の端――つまり軽いほう――を叩きこみたいのならば、杖の左端を握っている左手を一瞬放して、すばやく手のひらを返し、親指が顔のほうを向くように持ちかえ、右手を支点にして円を描くように右にスライドさせながら杖を振り抜けばいい（図2）。

軽い杖や傘しか持っていないのに、頑丈な杖を持つ相手に襲われたなら

軽く短い杖や傘を手に田舎道を歩いているときに、突然頑丈な杖を持つ強盗に道をふさがれてしまったら、どうすればいいだろう？

◆

相手に攻撃するすきを与えてしまえば、あなたの頼りない防御などすぐに打ち破られてしまう。この不利を頭に入れ、相手に時間を与えることなくすぐさま攻撃に出なくてはいけない（図1）。

図1

図2

頭上高くから攻撃を加え、相手に高いところで防御させる（図2）。

同時に図3に示されている位置まで前方に飛び込み、手のひらで相手の胸の高い位置を攻撃する（図3）。

そして相手の足を払ってバランスを崩せば、こちらを攻撃することはできなくなる（図4）。

こうなれば、相手の意識を奪うほどの一撃を素手で叩きこむこともできるし、必要があれば杖で攻めてもいいだろう（図5）。

図3

図4

図5

普通の杖や傘しか持っていないのに、頑丈な杖を持つ相手に襲われたときは

杖での護身術の習得をむずかしく感じるのであれば、こんな方法はどうだろう？　おそらく初心者にとっては同じくらい効果的に、そしてより安全に使うことができるはずだ。

自分の杖が心もとないことを念頭に置き、相手にそれを悟られてしまう前に一気に攻勢に出る。前節に解説した技と同じくまずは相手の頭上高くから打撃を加え、相手の防御を上げさせる。それと同時に（前節の解説の）図3の立ち位置に飛びこんで相手の肘のすぐ下をつかむ。これにより相手のバランスを崩し、攻撃を封じてしまうのである。こうなってしまえば右手で強烈

図1

な一撃を相手のあごに叩きこみ、意識を奪うことさえできるだろう。体重が60キロを切るような者でもこの技をしっかり使うことができれば、倍の体重を持つ相手のバランスすらも奪い、一瞬のうちに地面に転がしてしまえるのだ。

もし、強烈な一撃を叩きこむことのできる頑丈な杖を持ち歩いているのなら、次のような方法もある。

肘をつかんで相手のバランスを崩したら（図1）、右足の後ろに左足を引き、考えられる反撃に備えて頭と体を脇に避けながらさっと距離を取り、それと同時に相手の膝頭にステッキで振り下ろすのだ（図2）。この技を実践する際には、膝頭への打撃はとても危険であることを忘れてはいけない。完全に入ってしまえば、相手は身動きが取れなくなってしまう。そのため、この技を友人に試すときには力を加減することをおすすめする。

図2

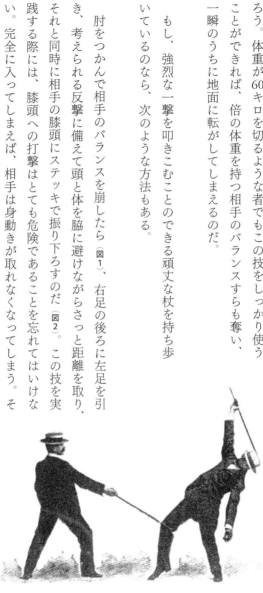

図1

杖を使ってボクサーから身を護る（その1）

頑丈な杖を持った男が、熟練したボクサーに攻撃を受けたと仮定しよう。ボクサーの拳から身を護る、もっとも安全確実な手段は、次のとおりである。

杖を持つ男がリア・ガードを取ってボクサーと向き合っている。つまり、左の手足を前に出し、右手で頭を防御する構えだ。左腕は、攻撃を避けそこねたときのために顔や体を守るように構えている（図1）。

図2

◆

杖を持つ男に対してボクサーがパンチを繰り出し、攻撃の口火を切る。

杖の男は相手の左に向かって飛び退いて、どんな攻撃が来ても回避できるよう大きく腰を落とす。そこから左のつま先を軸にして体を反転させて（図2）、左足に合わせるように右足を引きながら、杖を使いバックハンドの低い一撃

図3

をボクサーの膝に振り下ろす（図3）。

これで相手を無力化し、地面に転がしてしまうことができるのだ。

もし戦いの興奮から手元が狂って膝への一撃をはずし、スネを打ってしまったとしよう。ボクサーはまだ戦意を失うことなく体勢を立て直し、左足を軸にして右足を踏み出して正面に構え、次のパンチを繰り出してくる。杖の男はその攻撃を予期し、パンチが届く前にボクサーの心臓めがけて突きを入れ、相手を完全に無力化する（図4）。杖のほうがパンチよりも射程が長いので、なんの危険もなく強烈な一撃を叩きこむことができる。

図4

◆

あらゆる護身術においてもっとも重要かつ必要不可欠なのは、じゅうぶんに訓練された目である。この技は、**横に飛び退くタイミングを瞬間的に見極めることのできる視力**にかかっている。ボクサーはあなたへの攻撃で手が伸びきったときに初めて、あなたが飛び退いたのに気づく。そして、そのときにはもう手遅れなのである。

図1

同じような杖を手にした相手を無力化するには

あなたの杖と同じくらい頑丈な杖を持つ相手に襲われた場合には、こんな方法で相手を無力化することができる。

◆

右足を前にして膝を軽く曲げ、前方からの攻撃に備える構えを取り、やや構えを低くして頭への攻撃を誘う。相手はこの誘いにのり、あなたの頭を狙ってくる（図1）。

図2

攻撃を受け止める。予測して備えていたので、これはむずかしくない（図2）。

それと同時に相手の右側に大きくジャンプ。腰を落として相手の膝に強烈な一撃を振り下ろせば、相手を地面に倒すことができる（図3）。

もし狙いどおりにいかず、膝ではなく相手のスネに当たったとしても、それでもまだあなたが有利なのは変わら

図3

ない。ふところに入られたと思った相手は右足を引き、今度はバックハンドであなたの顔面を狙ってくる。そのような場合は間合いを詰めてその攻撃を封じつつ、杖で相手に突きを入れてしまえばいい（図4）。

◆

この技でいちばんむずかしいのは**狙い通りの攻撃を相手に繰り出させること**だが、少し練習すればすぐにできるようになるだろう。

図4

背が高く、すばやさにもステッキ術にも自信がない人が、自分より背が低い熟練の相手と出くわしたら

大柄ですばやく動くことのできない人は、小柄ですばやい相手の前ではものすごく不利になる。相手は目にも留まらぬ速さで思いもよらない角度から次々と攻撃をしかけ、体格や射程距離の不利をあっという間に帳消しにしてしまうからだ。そのような場合には、確実に攻撃を誘う方法をおすすめしたい。

◆

前に説明したリア・ガードの姿勢を取り、おとりの左手を

図1

図2

前に出す（図1）。すると十中八九、相手はこのおとりにくいついてくるはずだ。

相手が腕を狙って杖で攻撃してきたら、すかさず相手のふところに飛びこんで攻撃の威力を消してしまう（図2）。

そうしたら相手の杖をつかんで封じ、頭に強烈な一撃を叩きこむ（図3）。

図3

頼りない杖や傘しか持っていなくても、図3のようにすぐ主導権を握れるのがおわかりいただけただろう。杖の代わりに拳で相手の顔面を狙ってもいい。

杖を持っているときにキックの達人が襲ってきたら

頑丈な杖さえ持っていればハイキックから身を護ることなど簡単だと思う人もいるかもしれない。だが、キックの達人の動きを見たことがあり、相手に襲いかかる目にも留まらぬキックを知っている人であれば、知識の裏打ちがあるキックから護ってくれるのは知識の裏打ちがある防御法だけだと理解していることだろう。

◆

間合いを広く取り、脇腹や左半身へのキックを想定し左

図1

腕を伸ばした防御姿勢を取る（図1）。そして左から右下に向けて、弧を描くように鋭く杖を振り下ろして威嚇する。

相手は左脚と左腕を前に出し、フランス式ボクシング、いわゆるサバットで言うシャッセという技を使おうと安全な位置で身構えながら、チャンスがあればキックを繰り出せる距離まで詰めようと間合いを図る（図2）。

そしてチャンスを見て右足のかかとを軸足にし、あなたの心臓めがけてキックを放つ。そのキックを予測し、左足から右足へと全体重を移す。すると、すばやく足を引くことができ、相手のキックを紙一重でかわすことが可能になる（図3）。あとは相手の足首を狙って、思いきり杖を振り下ろすだけだ。

図2

下半身へのキックを防ぎたい場合にもこの防御法を使うが、同じように弧を描く一撃を繰り出すために腕を高く掲げる必要がなくなるため、防御はずっと簡単になる。あえて直線的な打撃ではなく弧を描く一撃を用いるのは、直線的な打撃の場合だと相手の脚をはずす可能性が高くなるからだ。**弧を描く打撃を使えば、攻撃をしかけるだけでなく相手のキックを回避**することもできる。

図3

図1

杖を振りまわせない場所で相手をノック・ダウンする

杖を振りまわすことができない場所でのストリート・ファイトなどで身を護るには、どうすればいいだろう？　こうした場面で杖を武器とするいちばんの方法は、敵の脚のあいだに杖を差しこんでももに押しつけるように強く押し、バランスを崩してしまうことである。

◆

周りにだれもいない場所で、ひとりの相手と戦

図2

う場合、フロント・ガードの姿勢を取って相手の顔面を横から狙うのが一番だ（図1）。

　すると相手は手を上げて顔面を守ろうとするので、左手を伸ばしてその手をつかむ。あとはしゃがんで相手の脚のあいだに杖を差し込み（図2）、てこの原理を使って倒してしまえばいい。

　もしくはリア・ガードの姿勢を取り、わざと頭にすきを作って相手の攻撃を誘ってもいい。そして相手が頭を狙って攻撃を繰り出してきたらふところに入り、相手の右手首をつかんでしまうのだ。そうすれば脚のあいだに杖を差しこみ、倒してしまうことができるようになる（図3）。

◆

相手が複数の場合には姿勢を低くして腕と手を使って顔面を護り、相手の脚のあいだに次々と杖を差しこんで片っ端から転ばせてしまえばいい。

図3

第4章

THE NEW ART OF SELF-DEFENCE

杖を使った護身術

◆

Part 2

Pearson's Magazine

『ピアソンズ・マガジン』1901年2月

「シャーロック・ホームズさんじゃありませんか！」賞金稼ぎのボクサーが叫んだ。「こいつはびっくりだ！　なんでまたあなたを見まちがえたりしたのやら！　そんなところに黙って突っ立っていないで、こっちに上がってぼくのあごにあのクロスを叩きこんでくれたら、まちがいなくあなただとわかったのに。まったく、そんな才能を使わず無駄にしちまうだなんて！　クラブに入っていれば、はるか高みを目指せたってのに」

「ほらな、ワトスン。もしやることなすこと失敗したとしても、僕にはまだプロへの扉がひとつ開いているのさ」ホームズは笑いながら言った。

――『四つの署名』

サー・アーサー・コナン・ドイル（１８９０）

普通の杖しか持っていないのに、先の尖った棒や長い棒を持つ相手に襲われたときには

射程の面で有利となる長い得物を持つ者にとっては、より軽い武器を持つ相手のすばやさが脅威となる。

◆

図1は、長いアルペンストックを持つ相手のもっとも警戒すべき構えと、その攻撃を安全に受け止めるための理想的な構えになる。ごらんのとおり右側の人物は相手の攻撃を誘うため、がらあきの体を見せつつ、すぐに防御ができるよう構えている。

図1

アルペンストックを持った男が突きを繰り出すと、右の男はさっと横に飛び退いて突きをかわしながら杖を振り抜く。するとアルペンストックはやや斜め上に弾かれることになる（図2）。

攻撃を弾いた瞬間、右の男は左手でアルペンストックをつかんで踏みこみ、顔面に杖での一撃を叩きこむ（図3）。

図2

図3

杖を使えなくしようと飛びこんでくる相手を撃退する

あなたがフック状の柄のついた杖を持っていることに気づいた相手は、まずまちがいなく、その杖を使えなくして対等になろうとするはずだ。その目論見をくじくには、この方法が役に立つ。

◆

右足を前にして構え、左手で軽く威嚇する。相手の左手を取ろうと狙っているふりをするといい（図1）。

図1

相手はこのフェイントに気を取られ、思わずあなたの左手を見る。その瞬間に前に飛び出し、杖の柄を相手の首にかけてしまう（図2）。

間髪入れずに杖の柄を相手の首にかけて膝を落とし、顔面から地面に引きずり下ろすように全体重をのせる（図3）。

相手がすぐに体勢を立て直せないくらいに引きずり下ろすことに成功したら、杖を捨てて相

図2

図3

手の両肩をがっしりとつかまえる。背後に投げ飛ばされたりしないよう、両足は相手の手の届かないところに置くこと（図4）。

いきなり相手を自分のほうに引っぱると同時に前に飛び出し、相手の顔面に膝を叩きこむ（図5）。

◆

この技を使うときにはじゅうぶんに注意すること。顔面に膝を叩きこむと、鼻や前歯が簡単

図4

図5

に折れてしまうからだ。

言うまでもないことではあるが、どのような護身術においても、相手に効果的な技を確実にしかけるには**適切な距離を保つ方法**を理解していなくてはならない。護身術に必要不可欠であるこの知識と自信、瞬発力、そして臨機応変な対応力は練習を通してしか身につけることができないが、一度身につけてしまえば二度と忘れることはない。

まっすぐな杖を持った相手から、フック状の柄の杖を使って身を護る

円形に曲がったフックのついた杖は、打撃についてはずっしりと重い取手のついた杖ほど効果的とはいえないが、ステッキ術にたけた者にとってはとても有効な武器になる。

この手の杖で攻撃を受け止めると、相手にフックを引っかけて転ばせてしまうのはそれほどむずかしい話ではない。少し練習しさえすれば、首でも足でも好きなように引っかけることができるようになるだろう。

図1

図 2

図 3

図 4

まず、杖を持った手を高く掲げる。指を叩かれることがないよう、手は体の横に上げること。こうしてわざと頭部を見せ、相手の攻撃を誘うわけだ（図1）。

相手が頭を攻撃してくるとわかっていれば、すばやく防御する準備ができる。相手が攻撃を繰り出してきたなら、杖でそれを受け止めよう（図2）。

相手が杖を引いて防御姿勢を取るよりも先にさっと腰を落とし、外側から相手の足首に杖のフックを引っかける（図3）。

杖を引っぱり相手の脚を開かせ、地面に倒す（図4）。

こうなれば相手はもうなすすべがない。好きな部分にたっぷりとおしおきすればいい（図5）。

図5

図1

杖を使って ボクサーから身を護る（その2）

先がフック状になった杖を持ち歩いていれば、武器を持たないボクサーから身を護るのは非常に簡単だ。

◆

杖を持った手をつかまれることがないよう、そ

図2

ちらの手を背後で構える。前にした左腕は軽く曲げて手のひらを相手に向け、キックで腰を狙われたり、パンチで顔やボディを狙われたりしたときに備えること（図1）。

攻撃を安全に受けるには頭を脇によけて、ボクサーの攻撃をしっかり受け止められるよう、深く膝を折って相手の体勢よりも低い体勢を取る。そして腕で攻撃を受け止めたなら即座に膝を伸ばしてボクサーの腕を上に向ける。するとボクサーはバランスを失い、右手であなたのボディを狙うことができなくなるのだ（図2）。

こうなると、余裕を持って杖のフックを相手の足首にかけるチャンスが到来する（図3）。

図3

フックをかけた足を引っぱり相手を大股開きにさせ、地面に倒す。あとは好きなように杖で攻めればいい（図4）。

図4

図1

人混みの中で杖を武器として使うには

人混みの中では自由に使える空間も視野もかぎられているため、杖を振りまわすことがほぼ不可能だ（図1）。そこで、空間を確保して打撃を可能にするためには、次のような手段を採る必要がある。

◆

おおよそ腰の真横に杖を持ち、左に飛び出すように踏み出す。右手で杖の端を

図2

図3

図4

握り、狙いどおりの攻撃が繰り出せるよう左手で杖を操る。すぐ左にいる男に突きを入れて無力化し、さっさと退却させる。男は自分の意思と関係なく、すぐ隣の男も道連れにしている（図2）。

次は体を反転させ、すぐ右にいる男に突きを放つ。今度はさっきとは逆に左手で杖の端を握り、右手で杖を操る（図3）。攻撃を受けた男が逃げようとして両隣の男の体勢を崩したら、また体を反転させてすぐ背後にいる男に突きを放つ（図4）。

その男のそばにやや足を広げて立つ別の男を見つけ、足のあいだに杖を突き入れて引っくり返す。そうしたら一歩後退すれば、杖を存分に操るだけの空間が手に入る。右に左に振りまわして、好きなように相手の顔面や頭を攻撃し、降参させることができる（図5）。

図5

軽い杖しか持ち歩いていないときに、頑丈な杖を持つ相手に襲われたら（その1）

自分のものより頑丈な杖を持つ相手に襲われた場合は、相手がこちらの不利に気づいてしまう前に攻撃をしかけるのが得策だ（図1）。

もっとも効果的にこれをおこなうには、まず相手の頭上から右手で杖を振り下ろし、防御を高く上げさせることだ。そうしたら、図2の左の男の立ち位置から一気に図3の位置まで飛びこむ。シンプルかつ何もむずかしくない動作である。飛びこむときは、頭を低くして横に避けておくようにすること。

図3の立ち位置になったら相手を投げ飛ばそうとはせず、相手の膝裏に自分の膝で打撃を加えること。すると相手は脚を取られ、バランスを崩すことになる。バランス

図1

図2

図3

を取ろうとした相手が左足に体重をのせて体をのけぞらせたら、仰向けに倒してしまうべく左腕に思いきり力を入れる。相手は倒れまいとして、杖を取り落としながら両手を振りまわすことになる。これで、相手を無力化するという目的は達成できた。追い打ちをかけたければそうしてもいい。いちばん確実なのは、足首や膝のすぐ下に打撃を加えることである（図4）。

友人相手にこの技を練習する場合は、仰向けに倒す際の左腕を乱暴にしないことだ。下手をすれば友人を意識不明に陥らせたり、大怪我をさせてしまったりすることもあるからだ。この投げ技は、ちゃんと決まるととても強力で危険な技なのである。

図4

図1

軽い杖しか持ち歩いていないときに、頑丈な杖を持つ相手に襲われたら（その2）

もう一度、軽い杖しか持っていないときに、がっしりとした頑丈な杖を持つ相手に襲われたと仮定しよう。相手より早く優位に立つため、先ほどの例と同じくすぐに頭上高くからの一撃を振り下ろし、相手の防御を上げさせる（図1）。

相手の防御をかいくぐって図2の位置まで一気に詰める。相手の前腕の上に自分の左手を通し、右手で相手の手首に対向方向の力を加える。そして、左手で自分の右手首をつかむ。こうすることで、相手の腕をがっしりとロックすることができる（図3）。一連の動作は杖を握る右手を緩めることなくおこない、相手の腕をつかむこともしな

図2

図3

いが、このロックはとてつもなく強力だ。この体勢で得られるてこの原理を活かせば赤子の手をひねるように相手を転がしてしまえるだろう。てこの原理を正しく活用するには、左腕を使って相手の肘を自分のほうに引き寄せると同時に、左手で右手首をつかんで作ったロックを使って相手の右手を下に押しこむ。この技が生み出す苦痛は耐えがたいほどで、相手は腕を折られる危険から逃れるために仰向けに倒れるしかなくなってしまう。そうなれば、もう思いのままだ。状況に応じ、杖でも足でも好きな方法で攻撃すればいい（図4）。

この技や、ここまでに解説してきた杖を使った護身術は、剣や短剣を相手にしてもまちがいなく成功する。わたしも何度か、腕利きの剣士相手にいくつかの技を試したことがあるが、失敗したことは一度たりともない。むろん、成功するか否かは攻撃をするときの敏捷《びんしょう》性、瞬発力、パワーにも左右される。

図4

普通の杖しか手元にないのに、いきなり頑丈な棒で頭部を攻撃されたなら

図1では、頑丈な棒を持つ男が、どこにでもある歩行用の杖を持つ相手を攻撃しようとしている。右の男は、両手持ちの防御姿勢だが、左手の甲を自分に向け、右手の甲を相手に向けている——つまり、両手の握りが逆になっている。

相手が攻撃してきたらすぐさま左手に当たるまで右手を滑らせ、握りを変えないまま杖を逆向きにする。すると、右手を上にして手首が交差する形になるので、そのまま頭上からの相手の攻撃を受け止める（図2）。

攻撃を食い止め勢いを殺したら、間髪入れずに左手を杖から離して相手の棒をつかむ。そして、右手の杖で相手の手首に強烈な一撃を叩きこむ（図3）。

図1

図2

図3

また、相手の膝頭を狙うのも効果的だ（図4）。

もしくは、両手で杖を持ったまま、相手の顔面を思いきり叩いてもいい（図5）。

図4

図5

不利な状況で、自分より背の高い相手を制圧する

図1

相手の目を見て相手との距離を判断したならば、即座に頭を見せ、すきを作る。すこし防御を下げてもいいし、手にした杖を体の横で構えてもいい。そうして頭への攻撃を誘うのだ。相手が攻撃をしかけてきたなら、頭を護れるかどうかは俊敏さ次第である。

ながらあきの頭に気づいた相手はそこを狙って攻撃してくるが、図1にあるように、杖を使ってその攻撃を受け止める。そうしたら間髪入れずに体勢を低くし、相手の心臓めがけて突きを入れる（図2）。

図2

杖で頭を狙われたら
――防御とカウンターにはこんな方法がある

さて、相手があなたの頭を狙って杖で攻撃をしてきた（図1はスタートポジションである）。杖を握った手を、顔の前を突っ切るように体の左側に突き出し、相手の真正面で手の甲を外に向けるようにして杖でその攻撃を受け止める。相手の武器が滑ってきて指を打たれることがないよう、杖の先をやや下げること（図2）。

攻撃を受け止めたならすぐ相手の右側に向けて右足を踏み出し、顔面めがけて左から右にバックハンドの一撃を繰り出す。相手を戦意喪失させるにはじゅうぶんな威力を持つ（図3）。

図1

図2

図3

両手を駆使した防御と攻撃（その1）

左の男は両手を上げる構えをとっているが、相手はボディが丸見えだというのに攻撃の誘いにのる様子がない——左の手首か、頭部左側面への攻撃を考えている（図1）。

左の男は左手への攻撃を避けるため杖から左手を離し、背後に遠ざける——これが自動的に、右手での一撃の初期動作になる。攻撃に入った相手の手首を打つ一撃だ（図2）。

図1

図2

両手を駆使した防御と攻撃（その2）

さて、前節と同様、左の男は大げさに頭を防御してボディへの攻撃を誘っている（前ページ図1）。相手はここぞとばかりに剝き出しのボディに攻撃をしかけるが、防御する側は左足を大きく引いて相手の射程外へと逃れる。そして、最後の図3のように左手で握った杖を思いきり相手の頭上から振り下ろす。

図3

まとめ

『ピアソンズ・マガジン』の前号と今号では杖を使った技を解説してきたが、杖による護身術は複数人から襲撃されるようなケースにおいて、特に効果的であることを言っておきたい。これは男女を問わず習得できる技であり、マスターしてしまえば、ナイフ、ボクシング、サバットなど、相手がなんであれ絶対安全に身を護ることができる。ここでは解説していないが、さらに危険な技の数々も存在している。

杖を使ったこの新しい護身術は、もっとも有用かつ実践的な技というだけでなく、もっとも爽快で優雅な技として推奨されるべきだろう。

付録

HOW TO POSE AS A STRONG MAN

強い男に見せるには

強い男に見せるには超人的な強さがなくてはならないと思われがちである。しかし実を言うと強い男が使う技において物を言うのは力よりも、こつや戦略なのだ。

だがたしかに、強靭な力がなくてはとても無理としか思えない技を使う強者はたくさんいる。そこで、平均的な力しか持たない者にでも使える技を、いくつか紹介してみたい。一見力業に見えるこれらの技の理屈をひとたび理解したならば、ただの見物人の目をやすやす欺けると保証しよう。また、人目など気にする必要のない仲間内でやってみるのも、とても楽しいはずだ。

これから紹介する技の中には見憶えのあるものも含まれているかもしれないが、すべて集めて徹底的に解説されるのはこれが初めてであると断言しておこう。

さて、何年か前の話になるが「マグネティック・レディ」と名乗る頭のいい女性がこれらの技を使い、大きな話題となったことがある。世間はすっかり、この「マグネティック・レディ」に引っかけられてしまったのだ。彼女は、自分にそんな技ができるのは磁石と電気の力を宿しているからだと謳ってみせた。だが、もちろんそうではない。ちゃんと説明に従いさえすれば、ごく普通の力の持ち主にもできる技ばかりなのだ。

この技をやるためには、頑丈な椅子をひとつ用意していただきたい。背もたれが高くて座面が低く、後部に横木の渡されている椅子である。後ろ脚の間隔は最低30センチ、座面の高さは最低38センチ必要だ。もし他の小道具が見つからなければ、周囲のもので代用していただいて構わない。たとえば、ビリヤードのキューを使う技がいくつか登場するが、ホウキの柄でも代用できる。

技1――二本の指で男を制圧する

最初の技はシンプルでありながら、実に効果的だ。まずは写真をごらんいただきたい。椅子を抱える役は観客に手伝いを頼み――屈強な男であればあるほど見栄えがするので望ましい――椅子の後ろ脚が胸につくようにして前脚の端を一本ずつ、両手で握ってもらう。そうしたら「これから二本の指だけで男を好きなところに押し退けてみせる。彼にはなんの抵抗もできず自分のなすがままだ」と宣言する（事実、なすがままである）。

男と正対して左右の手指を二本突き出し、それぞれ椅子の座面のすぐ下で後ろ脚と前脚にかける。実際にやってみると、相手を思うがままにできてしまうのが実感できるはずだ。前後に揺さぶることも、横に揺さぶることも、好きな方向に押しやることも、いきなり自分のほうに引っぱることもできるし、後ろ向きに投げ飛ばして、見る

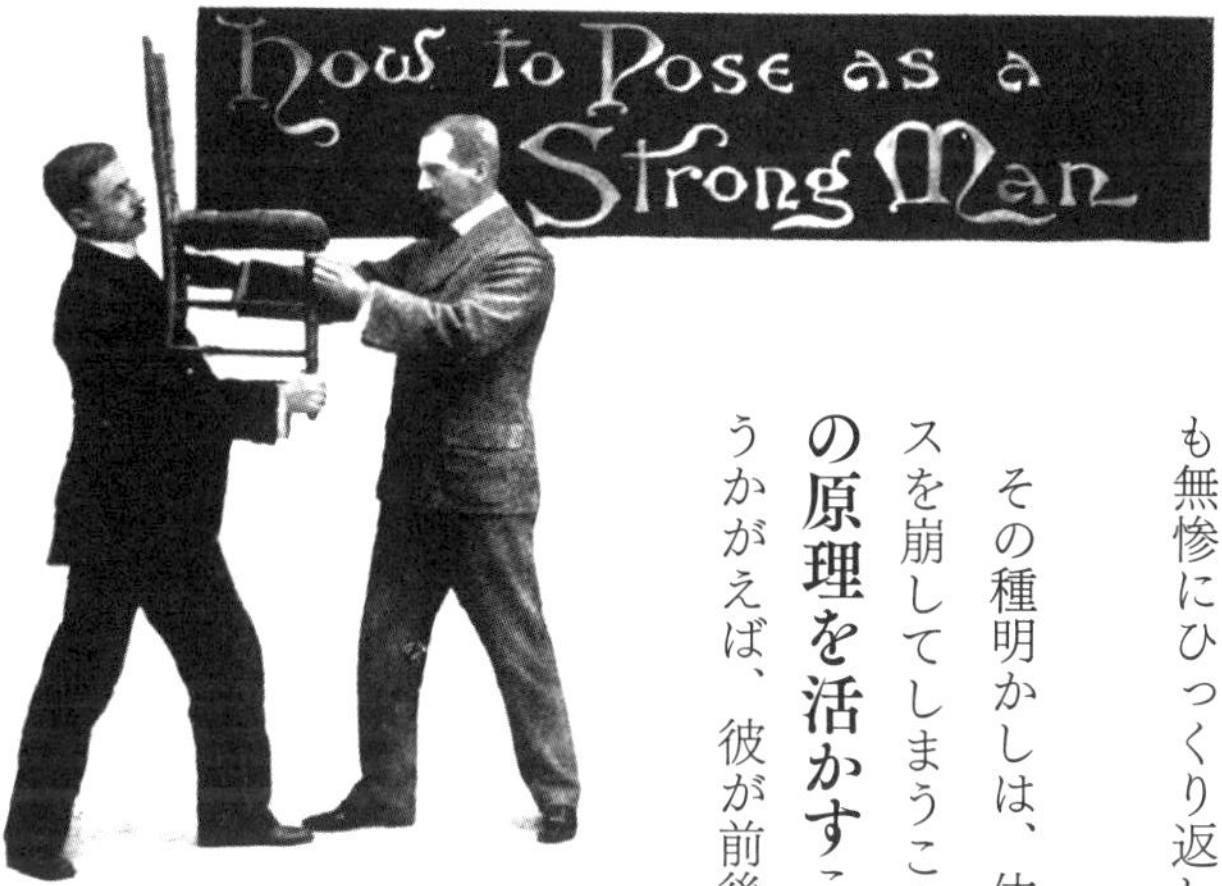

も無惨にひっくり返してしまうことも可能だ。

その種明かしは、休むことなく引いたり押したりして男のバランスを崩してしまうことにある。椅子を抱えた相手を利用した**てこの原理を活かす**ことで、これが可能になるわけだ。男の表情をうかがえば、彼が前後どちらへの揺さぶりを予期しているかも読み取ることができる。もし前への揺さぶりに備えているようなら後ろに揺さぶり、後ろに揺さぶられると思っているようなら前に引っぱる。こうして**常に男の裏をかく**わけである。

技2――両方の手のひらで椅子を押さえつけ、引き抜こうとする相手に抗う

観客の協力をあおぎ、椅子を自分のほうに向けて後ろ脚を両手でつかんでもらう。そうすると、座面がだいたいあごの高さになるはずだ。そうしたら、今からとんでもない大技でも披露してみせるかのように、「椅子を引き抜こうとする相手を手のひらだけで止めてみせる」と宣言する。姿勢は、写真を参照していただきたい。

この体勢になると、実に簡単な技であるのがおわかりいただけると思う。椅子の背もたれの左右高くを手のひらで挟むことにより、それで得られるてこの原理を利用すれば相手を前のめりにさせるほどの力が働き、椅子をしっかりと胸に押しつけてしまうことができる。

この技のこつは、両手で横から力を加えているだけのように見せながら、**親指の根本のふくらみを使って椅子を前に押す**ことだ。相手は腰を曲げて前のめりになったまましっかりと椅子を胸につけており、あなたの手から引き抜くことができない。こうして力をまったく使うことなく、一見派手な技で観客を驚かせることができるわけだ。

技3——人が座ったままの椅子を持ち上げる

むずかしく思えるかもしれないが、実は驚くほどシンプルな技である。技1と同じく、背もたれが高く座面が低く、後ろ脚のあいだに横木の渡してある椅子をひとつ用意する。そして相手には脚を伸ばしてのんびり座らせつつ、椅子の後ろ脚のできるだけ下のほうを両手で握ってもらう。

この技には、三つのステップが必要だ。

❶背もたれのてっぺんあたりを握り、前に押す。すると相手は自分の足で立つような姿勢になり、椅子の後ろ脚が浮く。

❷そうしたら、横に向けた脚を支点にし、椅子の横木を上に押す。すると前脚が床から浮いて座面の前部が膝の裏に当たり、相手は背中側に体重がかかってしっかりと座る姿勢になる。

❸支えていた脚を抜いて椅子を後ろ向きに倒す。すると両足が床から浮きそうになるので、相手は本能的に椅子に座り直そうとして床を蹴って背後に飛ぶ。すると一瞬ではあるが椅子と相手が床から浮き上がることになる。

三つのステップはできるだけすばやくおこなわなくてはならないが、すこし練習を積めばシンプルに、そして効果的に実践することができるだろう。

技4——四人のった椅子を持ち上げる

何度も繰り返すが、「この護身術をマスターするためには怪力は必要なく、バランスとてこの原理こそが成功の秘訣になる」ということを、賢明な読者ならばもう理解しているだろう。一見したところ腕力がなくてはとても無理に思えるような技がいくつも登場するはずだが、それは思い違いというもの。ある技を使って、それを証明してみせよう。

ひとり目（Aとする）は普通に椅子に腰かけ、椅子の脚を両手でしっかりとつかむ。次のひと

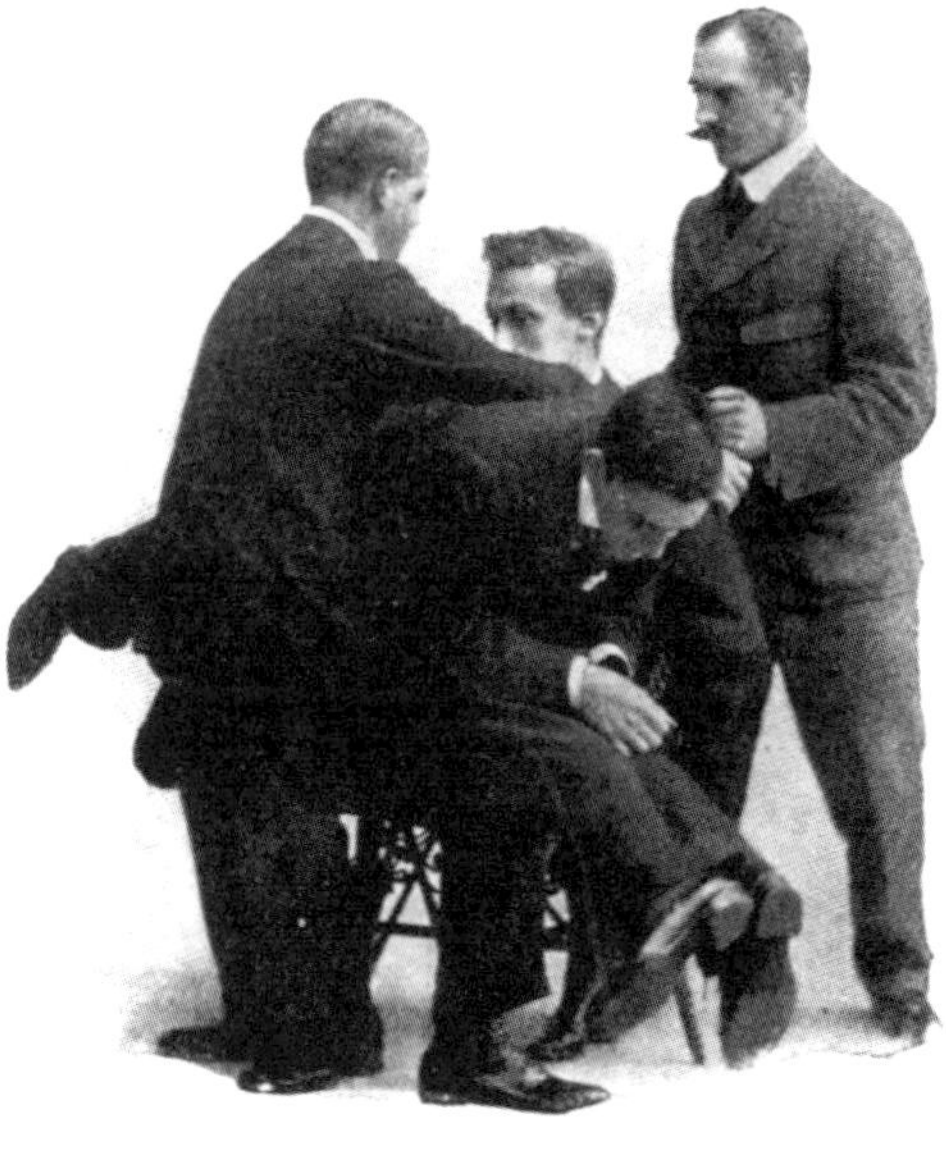

りが彼をまたいで向かい合うように座り、椅子の背もたれをつかむ。その両者のあいだに他のふたりがうつぶせに重なるようにして入る。椅子は、三段階で持ち上げる。

まず椅子を背中から肩で押して前に傾ける。すると椅子の四人がバランスを失い、最初に座ったAが椅子からずり落ちないように両足をふんばり、つかんだ椅子を浮かせながら、太ももに乗った三人を自力で支える。次に足を横木にかけて支点としながら、Aの膝の裏にぶつかるまでさらに椅子を押す。するとAはバランスを崩して椅子に倒れこんでくる。そうしたら横木にかけていた足をはずし、椅子を後ろに引っぱる。Aの両足が一瞬床から離れ、あなたが四人まとめて宙に持ち上げたような錯覚が生じる。

強者として振る舞うために、並はずれた力など必ずしも必要ではない。強者の操る技においても、力はこつやしかけに比べればたいして重要ではないのだから。

技5――自分を持ち上げようとする相手に抵抗する

「さてさてみなさん。今日はこの場にやってくる前に、うっかり感電してしまいましてね。今のわたしは人間電池です。だれにもどうすることもできない磁力を持ってしまったのです。その力をみなさんにもお見せしたいのですが、いかがでしょう?」

そんな口上からはじめれば、この技はいっそう効果的になるだろう。優れた奇術師というものは奇術のあいだじゅう延々としゃべり続け、種やしかけから観客の目をそらしてしまうものだ。「人間電池の磁力」もまた、この技を実践するうえでは最高の目くらましになってくれる。

まず、この磁力を使えばだれにも持ち上げることができなくなると宣言する。そして、磁力が眠っているあいだにはいかに簡単に持ち上げられてしまうかを、実際にやってみせる。だれにでも持ち上げられることを示すため、正対する相手の肩に両手を置いて前のめりになり、絶縁体の代わりだと言って相手の両手にシルクのハンカチをかけてもらう。そして相手の膝を曲げて両手を自分の脇の下に入れさせ、ゆっくりと持ち上げてもらう。腕力ではなく、脚力だけで上げてもらうこと。

それが済んだら「さて、電流を流すとしましょう！」と観客たちに声をかけ、自分が二度と持ち上がらなくなったことを証明する。

そうしたら絶縁体を取り除き、電流を循環させるためだと説明して、指を一本相手のこめかみに、もう一本を非常に繊細な部分、喉の扁桃腺に触れさせる。そして体と頭をやや後ろにのけぞらせる。すると、あなたを持ち上げようとした相手は扁桃腺を指で圧迫されるのを感じて反射的に体を引き、その結

果、両腕がほとんど伸びきってしまう。

こうして不安定な体勢になった相手には、もうあなたを持ち上げることなど不可能だ。たとえ２００キロを上げることのできる世界一の力自慢であろうと、こんな体勢になってはせいぜい30数キロ上げられるかどうかだろう。

ともあれあなたは観客たちに、自分が帯びた神秘的な電気の力で相手を無力化したと思わせなくてはいけないが、話術が達者であれば本当の方法を隠してやすやすと欺くことができるだろう。重要なのは、相手が自分を持ち上げられない程度にしっかり距離を取り続けることだ。うかつに離れすぎてしまうと観客の目を引き、このトリックの種がばれてしまうことになるからだ。

技6――背後から自分を持ち上げようとする相手に抵抗する

これは技5の応用だ。同じくらいに効果的だが、やはり自分が手に入れた電気の力についてたっぷりと説明し、その能力を封じるシルクのハンカチ（つまり絶縁体）を使わなければやすやすと持ち上げられてしまうことを見せてやる必要がある。体と腕をこわばらせてやや後ろに体重をかけて相手にもたれかかるようにすれば、相手は簡単にあなたを持ち上げてしまうことができ

る。

だが、ひとたびハンカチを取って（つまり電流を流し）体から力を抜けるだけ抜き、体と頭をやや前に傾けて腕も脱力させておけば、あなたの肘をつかんで持ち上げるのは不可能になる。

技7――数人がかりで押さえつけ、さらに人をのせた状態でビリヤードのキューを持ち上げる

さて、これまでに紹介した技を使い、狡猾《こうかつ》に人の目を欺きながら自分の能力や力を見せつけることができたなら、観客たちはもうすっかりあなたのとりこになり、あなたの方法論に盤石《ばんじゃく》の信頼を寄せているはずだ。今こそ次の技を披露する絶好のタイミングだ。ここに紹介する数々の技の中でもいちばん見事で、いちばん鮮烈で、いちばん狡猾な技である。

この技には、できるだけたくさんの人に協力してもらう。そして、最低六人にビリヤードで使うキューの先端をつかみ、絶対あなたに動かすことができないよう思いきり床に押しつけてもらう。写真には四人しか男が写っていないが、これはキューを持ち上げたときやや斜めになっている様子をはっきりとお見せするためである。そこま

で済んだらいかにも重そうな男に協力を頼み、キューを握っている人びとの手の上に座ってもらう。

キューをしっかり握らせ、椅子を踏み台代わりにしてその上に男を座らせることができたら、観客たちに向け、これからこのキューを持ち上げてみせると宣言しよう。

まずはキューを握る人びとの腕の下に潜りこみながら、それとは気づかれぬようできるだけ彼らの立ち位置を崩してしまう。するとキューがどちらかに傾くので、その方向をしっかりと見定めておこう。そうしたら、先端が傾いているのとは逆の方向に、キューを引っぱる。

さて、どうなるだろう？　キューは何もむずかしいことなくすんなりと動き、

キューを握る男たちの手には座っている男の体重がいきなりずしりとのしかかる。すると男たちは手首が伸びきるのを防ごうとして、再びキューを垂直に立て直そうととっさに思いきり高く持ち上げることになる。あなたの力を褒めたたえる拍手喝采が巻き起こるはずだ。

二枚の写真は、この技の種明かしを解説するために用意した。一枚目は、キューをしっかりと床に押しつけようとする男の姿勢を写したものだ。二枚目は、技によってこの姿勢を取らざるを得なくなった男の写真だ（全員がこのような姿勢になる）。この体勢になるとキューを押しつける力はまったく働かなくなり、加わっているのは男たちの腕に座っている男の重みだけになる。だがこれもたいした力にはならず、キューにはほとんど重みは伝わらない。

技8——両手を伸ばして壁につき、あなたを壁に押しつけようとする男たちに抵抗する

バランスと反発動作の威力を証明するため、次のような実験をしてみよう。まずは、写真のように壁に向かって構えてほしい。このとき、手首だけで反発しないよう、じゅうぶんに注意してほしい。手だけで反発しようとすると手首がのけぞり、激痛に襲われることになるからだ。

背後の男たちの狙いは、あなたを壁に押しつけてしまうこと。一方あなたの狙いは、思いきり抵抗して男たちの隊列を崩すこと——ではない。解説をお読みいただければわかるが、実に簡

単なことなのだ。すぐ背後にひ弱な男を配置し、両側の肩甲骨を押してもらう。このとき、「コートがダメになるといけないから」と言って、滑りやすいシルクのハンカチを一枚ずつ、肩と男の手のあいだに敷いておこう。そうしたら合図とともに、総がかりで背後から押してもらう。もしかしたらこのとき、あなたが強烈な圧を感じるよりも先にひ弱な男が耐えられなくなり、男たちの隊列が勝手に崩壊してしまうかもしれない。だがそうでない場合には片腕をすこしだけ曲げて肩の位置を下げ、直接あなたの肩を押している手を滑らせてしまおう。すると背後の男はバランスを失い、隊列がすぐに崩れる。そうしたら曲げていた腕を伸ばし、元の体勢に戻ればいい。

この技をより効果的にするためには、ふたりの観客に手伝いを頼み、彼らの両手をあなたと壁のあいだに入れてもらう。そして技を終えてから、すこしでも手に圧力を感じたか質問してみるといい。彼らは、そんなものは感じなかったと答えるはずだ。あなたがすべての圧力を、自分の手首で受け止めていたからである。

技9――体を浮かせた状態でふたつの椅子の上に横たわり、胸の上に立つ男を支える

屈強な読者にかぎり、この技を試してみてほしい。とはいえ、この技に重要なのは力ではない。見た目の印象よりもわずかな力で成功させることができるのだ。

椅子を三脚用意し、水平に横になったときにそれぞれの背もたれが肩と足の支えになるように、そのうち二脚を置く。そして、友人に頼んで両腕を体の両脇できつく縛ってもらう。これ

も、体を水平に保つための大事な支えになってくれる。

肩をのせる椅子の背もたれの上に、二重に折りたたんだ厚手のコートなどを置く。実際にやってみればわかるが、これは背中のみならず両脚にまでおよぶような支えになってくれる。平らな板を一枚敷いているのと同じような効果が得られるのだ。

床に横になり、ひとりに脚を、もうひとりに頭を持ち上げてもらい、椅子の上におろしてもらう。ふたりは重し代わりに、そのまま椅子に座らせる。そして残ったひとりをもう一脚の椅子の上にのぼらせ、合図を出したら自分の胴体にのるように指示を出す。すべて準備できたなら大きく息を吸って合図を出し、技が成功したらできるだけ楽しげな顔をしていること。

こうした技は突きつめればどれも非常に簡単で、だれにでも理解できるようなものばかりだが、人前で披露する前にはよく練習をしておくのが大事だ。

技10――片足で立ったまま、バランスを崩そうと押してくる相手に抗う

たとえゆっくりとまっすぐ押されるだけであろうと、バランスを崩すことなく片足で立ち続けることができれば人を驚かせることができるだろうが、ここに、そんな離れ業を簡単に成功させてしまう方法を解説しよう。

ビリヤードのキューかホウキの柄を両手で持ち、腕をまっすぐ前に伸ばす。そして片足立ちになったら、やや前に体重をかけてから相手に開始の合図を出し、自分を押してくる相手の力に寄りかかるようにする。そして相手には、一気に思いきり押すのではなく、

ゆっくりとまっすぐに押してくるよう指示を与える。

相手が正面に向けて押しはじめたら、すぐにすこしだけ腕を上げてその力を上に逃がす。すると相手はキューを下に押し戻そうとし、腕と肩が水平になる。ここまでうまくいったなら、今度はキューをやや下げると、相手はまた元の位置に戻そうとしはじめる。こうして相手を振りまわせば、あなたがキューを上げているときには下に、あなたがキューを下げているときには上に力を加えるしかなくなり、相手はまっすぐに力を加えてくることがまったくできなくなってしまう。

この技のこつは、**キューを大きく上下に動かしすぎない**ことだ。最低限の動きにとどめれば、相手は自分が「ゆっくりとまっすぐ押す」ことができていないのにも、まったく気づかないだろう。

技11――ホウキの柄を両手で持ち、それを真下に抜き取ろうとする相手に抗う

この技は、完全にてこの原理である。

ホウキの柄の両端を持って、この棒を手から真下に引き抜くよう相手に言う。相手が下に向けて力を加えはじめたとたんに垂直だった棒を傾けてしまえば、もう思うつぼだ。両端を持っていることから生じるてこの原理により、相手には棒を引き抜くことができる唯一の角度、つまり垂直に戻すことが不可能になってしまうのだ。

重要なのは、**棒を大きく傾けすぎない**ことだ。やりすぎてしまうと、相手は自分が垂直方向にではなく横方向に力を加えさせられていることに気づいてしまうからだ。

まとめ

ここで紹介してきた技の数々をおこなうときには、相手にこのすばらしき力業の正体に疑問を持たれないようじゅうぶんに気をつけることだ。言いがかりをつけられたり、観客に向けて種明かしをされたりすれば、あなたの評判はガタ落ちになってしまう。

どの技も実にシンプルで種を理解するのも簡単なので、人前で披露する前にはしっかりと練習を積んでいただきたい。理屈を頭だけで理解しようとしたときには難解に思えたことも練習をすればすべて払拭《ふっしょく》できるし、練習によってこつを習得すれば、社交場最強の男として場をわかせ、自信を育て、仲間を楽しませることもできるようになるだろう。

余談ではあるが、披露の場はできるだけ広々とあけてもらうのが望ましい。広ければ広いほど、多くの技はさらに大きな威力を発揮してくれるからだ。

技４の写真で用いた椅子は、男四人を持ち上げるにはいささか背もたれが低すぎる。この技を見事に成功させるには、背もたれがとりわけ高い椅子を使う必要がある。

技７については、棒が長いほど支えているのが楽になる。そのため、用意する棒の長さは最低１・５メートル、可能であれば１・７メートルかそれ以上のものが望ましい。

監修者あとがき

バートン＝ライトが考案した「新しい護身術」はいかがでしたか？

バーティツの語源については諸説ありますが、現在はバートン＝ライトの「Bart」と柔術（Jujitsu）の「itsu」をつなげてバーティツ（Bart-itsu）となったという説が有力です。本書でわたしが解説した内容も、この説がすべての基盤となっています。

さて、ここまで『ピアソンズ・マガジン』に掲載されたバーティツのテクニックを紹介してきたわけですが、ここからは、それらのテクニックに込められたバートン＝ライトの哲学や彼が考えた戦闘理論について、簡単に解説したいと思います。

バーティツの武術としての特徴

◆世界初の総合格闘技

現代における総合格闘技の定義は「世界中のあらゆる格闘技や武術の打撃技、組み技、寝技で構成され、ルールによる攻撃手段の制約を最大限排除したうえで競い合う格闘技」とされています。

バーティツが世界初の総合格闘技と言われているのは、世界中の格闘術や武術のいろいろな技をミックスしたものだからという理由のほかに、強盗や暴漢のような「ルールによる制約を受けない相手」に対する護身の技術という性質があるからです。

◆基本の動き——四つのスタイル

バーティツの動きは、ボクシング、サバット、柔術、ステッキ術の四つの要素で構成されています。

ボクシング

いわゆる拳を使って戦う技術なのですが、バートン＝ライトは拳の使い方よりも足さばきに注目していたようです。当時のボクシングは現代とは異なるスタイルで、海外の映画などに見られる手を前後にクルクルまわすオールドタイプのボクシングです。

サバット

芸術的な足技が特徴のサバットはキックボクシングに分類されることもありますが、もともとは護身術としてつくられています。バートン＝ライトもサバットをキックボクシングではなく護身術として見ており、その理念や理論を高く評価していました。

柔術

バーティッツに見られる柔術の要素は、バートン＝ライトが日本で身につけた柔術を基盤としています。彼が身につけた柔術は現代と若干異なるところもありますが、世界中の武術や武道の中でもっとも優れた組み技を持つのが日本の柔術であると考えていたようです。

ステッキ術

フランスのピエール・ヴィニーが考案した技術を基盤としており、打撃、突き、投げ、関節技などあらゆる状況に対応でき、かつ、優雅さと強さを兼ね備えたシステムが特徴となっています。

◆基本原則

バートン＝ライトは『ピアソンズ・マガジン』でバーティツの根底に流れる思想や理論の一部を紹介しているので、その内容は本文を参照いただきたいのですが、もし、あなたがこの本を手に取らずに自動翻訳を使った場合、以下のような翻訳が表示されます。

❶加害者のバランスを乱すこと。

❷バランスを取り戻して力を発揮する前に、彼を驚かせること。
❸必要に応じて、首、肩、肘、手首、背中、膝、足首などの身体の一部の関節に、解剖学的および機械的に抵抗できない緊張を与えること。

なんとなく意味は通じますが、❷の「彼を驚かせること」という部分は不自然でわかりにくいと感じませんか？　これは、言葉のとおり「わっ！」と大きな声を出してビックリさせよということではなく、相手に「あ、やられる」と思わせよ、ということなのです。すこしカッコよく表現すると「襲いかかったことを後悔させよ」ということです。

バーティッツは相手をノックアウトすることを目的としていないので、相手が立ち去ればそこで終わりにします。つまり、慈悲の心で相手に懺悔の機会を与えるのです。ただ、残念ながらその場で反省する強盗や暴漢は少ないので、多くの場合が次の段階、すなわち、関節技をきめて押さえ込むところまで進んでしまいます。『ピアソンズ・マガジン』に相手が寝転がっている写真が掲載されているのはこういった理由からです。

◆ほかの武術との違い

世界にはさまざまな武術や護身術が存在しますが、「バーティツらしさ」はどこにあるのでしょうか？　わたしは次のように考えています。

逃げるための技術ではない

これはわたし自身がバーティツを実践していて最初に強く感じたことです。護身術というのは「逃げるための技術」と言われることが多いのですが、バーティツは逃げることを第一には考えていません。紳士としてのプライドを護るために逃げないということではなく、相手から逃げきれない可能性を考慮して、逃げるという選択肢を最初から考えないということです。

ルールのない路上戦を想定

バーティツが想定する相手は強盗や暴漢です。当然、強盗や暴漢に正々堂々とした戦いは望めないので、バーティツにはルールがありません。そのため、バーティツは普段の練習でも自己の経験と判断のみで臨機応変に動くことが求められます。格闘技や武術に詳しい人は、ルールがないという点でイスラエルのクラヴマガとも共通すると思うかもしれませんが、クラヴマガと違うユニークな点は、すべての行為が「紳士的」でなければならないというところにあります。ルールがないからといって何をしてもよいというわけではないのです。

紳士淑女のための護身術

バーティツが「上流階級や中産階級の人びとに向けられた護身術である」と言うと、成金相手の金儲けの護身術と思われてしまいそうですが、実はそうではなく、人を差別的に見ていたというわけでもありません。バートン＝ライトが、バーティッツをつくった目的のひとつに「弱者を救う」というものがあります。現代の日本における弱者とは概念が異なるので説明しづらいのですが、「悩める人びと」と言うとわかりやすいかもしれません。1900年前後のロンドンにおいて上流階級や中産階級の人びとはとかく悩みが多く、バートン＝ライトはバーティッツが彼らの役に立つのであればおおいに使ってもらおうと思っていたのです。

◆基本精神

バーティッツは護身術として考案された一方で武術的な要素を含んでおり、それぞれの要素の使い方は使い手に委ねられています。その際に忘れてはならないのが「紳士である」ということです。当時のイギリスにはスポーツマンシップという言葉がすでに存在していて、バーティッツの道場を訪れる紳士の多くがスポーツマンシップを持っていたことでしょう。ところが、バートン＝ライトはバーティッツの基本精神にはスポーツマンシップはふさわしくないと考えていたようです。

では、彼が考えていたバーティツの基本精神とはなんだったのでしょうか？　それは、日本の柔道に流れる礼の精神、すなわち自他共栄の心だったのです。バートン＝ライトは日本の柔術をヨーロッパで初めて伝えた人物とされていますが、実は柔術のテクニックだけではなく、日本人の美しい精神性も伝えていたのです。

◆監修にあたり

そもそも、日本とイギリスでは文化も国民性も違うため、「同じもの」を表わす言葉でもニュアンスが微妙に異なります。そのため、記事を言葉どおりに訳してしまうと、バートン＝ライトが伝えたかったことがまったく伝わらない可能性がありました。そこでわたしはイギリス独特のユーモアを残しつつ、バートン＝ライトが用いた西洋剣術や解剖学の言葉を専門知識がない読者の方が読んでもわかりやすい表現になるように配慮しました。

ところどころで過激だと思われる表現が出てきたかもしれませんが、それは臨場感を出すための演出で、自身のプレゼンに興奮してきているバートン＝ライトを感じてほしいという意図が込められていると解釈していただければ幸いです。

最後に、わたしとバーティッツとの出会いについてもすこし触れさせていただきます。わたしは「ファイト・ディレクター（日本の〝殺陣《たて》師〟に相当するもの）」として米国と日本で俳優の育成事業に携わっています。スタントチームとも一緒に仕事をすることが多いのですが、幸運なことに２００９年の英米合作の映画『シャーロック・ホームズ』（ガイ・リッチー監督、ロバート・ダウニー・Jr.主演）に参加したスタントメンバーと出会う機会があったのです。以前からシャーロック・ホームズと護身術バリツ／バーティッツの関係を知っていたので、もちろん「シャーロック・ホームズの護身術をぜひ教えてください」と頼み込みました。しかし、彼の答えは「No」でした。なぜなら映画『シャーロック・ホームズ』に登場する護身術はバリツでもバーティッツでもなく、中国武術の詠春拳をベースにしたテクニックだったからです。つまり、彼の「No」の意味は、「詠春拳を教えることはできないけど、バーティツなら教えることができるよ」ということだったのです。こうして、わたしのバーティツ修業がはじまったのです。

バーティツは長い間、日本では「幻の武術」とされてきましたが、海外では2002年のバーティツ協会の発足を機に本格的な研究が進んでおり、その全貌が明らかになってきています。読者のみなさん（特にシャーロキアンのみなさん）の中にはいつかバーティツを習いたいと願っている人も多いかと思います。本書はその準備段階にピッタリの内容ですので、もしバーティツを知りたいと思うのであれば、本書から入ることをおすすめします。

本書の技を試すときは高貴な気持ちを忘れずに。それから、ステッキを使うときは天井に気をつけて、照明を壊さぬようご注意ください。

2024年3月　新美智士

訳者あとがき

本書は、1899年よりイギリスの『ピアソンズ・マガジン』に掲載されたエドワード・ウィリアム・バートン＝ライトによるバーティツの解説を全訳したものです。なお、バーティツおよびバリツファンのあいだではIvy Pressより刊行された『The Sherlock Holmes School of Self-Defence : The Manly Art of Bartitsu as used against Professor Moriarty』という本が有名ですが、本書がその翻訳版ではないことは明記しておきます。同書はバートン＝ライトが書いた記事を大幅に削除して、さらには本人ではない執筆者による記事も含まれています。具体的には自転車を用いた護身術ですが、これは「バートン＝ライトの護身術のパロディだ」という説が有力で、バーティツではありません。これからバーティツ・マスターを目指す方には、くれぐれもご注意いただきたいと思います。

子供のころ、シャーロック・ホームズの熱心な愛読者だったぼくは、『最後の事件』（1893年）でホームズが消息を絶ったときには愕然《がくぜん》とし、大きな衝撃を受けました。もちろん連載開始からは百年近くの月日が流れていましたし、続編が出ているのを見れば、ホームズが生存しているのは一目瞭然だったのですが、いかんせん子供だったぼくは、シリーズを順番通りに読むような発想すらなかったのです。

だから『空き家の冒険』（1903年）でホームズ生還を知ったときにはものすごく興奮しましたし、「まだホームズが読めるんだ！」と子供ながらに胸を躍らせたものです。そしてこのとき、シャーロック・ホームズという人物にそれまで感じたことのなかった大きな魅力を憶えたのです。

その魅力とは「戦っても強い」ということでした。ホームズといえば、何もかも見通してしまう並外れた頭脳が最大の魅力ですが、最後には己《おのれ》の肉体を武器として最大の敵との決着をつけたのだとぞくぞくしたものです。なにしろ当時はブルース・リーやジャッキー・チェンなどカンフースターが続々登場していた時代で、「男は腕力、戦闘力だ」という思いで地上最強を夢見る少年も多く、ぼくもそのひとりでした。ホームズは、あんな崖からだって生還するのだ、と大興奮したのを憶えています。

むろん、バリツには本来ホームズのほかに使い手はいません。だからこそ「世界一の名探偵だけが使う、宿敵を滅ぼした格闘術」という強烈に胸躍る解説がそこに付属します。そうして、もとがバーティッツであろうがなかろうが関係なく、「バリツ」という非常に魅力的な、そして謎に満ちた護身術は独立した武術となり、シャーロキアンたちの中に根ざしていくことになるわけです。

ですが、ホームズがバリツの達人である必要はあったのでしょうか？　なぜなら作中でも書かれているとおりボクシングはプロ級の腕前であり、それだけでもモリアーティ教授に勝利することはできそうだからです。あえてバリツという日本の格闘術を登場させたのは、もしかしたら東洋の謎めきをそこに与えたかったからではないかと感じます。巨悪モリアーティ教授がボクシングでやられてしまったとなると浪漫のない話になってしまいますが、それが東洋に存在した神秘的な格闘術にやられたとなれば、教授の格を落とすことなく葬ることができるからです。『空き家の冒険』が発表されたのは、日本が開国してまだ30年のころで、イギリスから見れば日本はまだまだ謎多き島国だったであろうと推測できますが、その神秘性こそが教授の死と釣りあうだけの重みを持ったのだという考えも成り立つことでしょう。

エンターテインメントとバリツ

日本の格闘術としてバリツが誕生した背景には、イギリスの聖職者、推理作家であったロナルド・ノックスが1928年に発表したミステリー小説を書くルール、いわゆる〈ノックスの十戒〉が大きく寄与していると言われています。なぜなら十戒の5つめに「主要人物に中国人を登場させるべからず」という項目があるからです。これは『空き家の冒険』の25年後にできた戒律ですが、それ以前より「中国人は妖しい術を使うので、あらゆるトリックも推理も成り立たなくなる」という理由で、推理小説における使用についてはいろいろな作家が後ろ向きだったわけです。

そのようなわけで、東洋の神秘性をホームズに帯びさせるために「バリツという架空の武術を作って日本発祥とした」としても、「日本の柔術に源流を持つバーティツからバリツを発想した」としても不自然ではないわけです。さらに1917年、幼い姉妹が撮影したとされる妖精の写真が英国社会を騒がせた、いわゆる「コティングリー妖精事件」において、ドイルはその写真に「本物である」と太鼓判を捺す神秘主義者の一面も持ち合わせていました。そうした彼の性質もまた、ホームズ生還の種明かしをするにあたって東洋の神秘性に目を向ける一助となったのかもしれません。

こうして誕生したと思しき、どこにも実在しない謎の格闘術バリツは、20世紀の後半になるとさまざまなエンターテインメントに登場することになります。日本でも

『黒執事』『ルパン三世』などに登場しますが、おもしろいのは「バリツを使う」というだけで、強い武術家であることのほかに、「紳士的な上流階級の人間」というニュアンスまでがついてくるところです。かつては東洋の神秘性を表現するためにイギリスで作られたこの格闘術が、今度はイギリスの上流階級の空気を表現するために日本に逆輸入されるかたちになったと言えるわけで、非常に感慨深いものがあります。

バリツが登場する日本の作品は『ケンガンアシュラ』『ダンタリアンの書架』『黄雷のガクトゥーン』『緋弾のアリア』などのほかに〈マスク・ド・バリツ〉を名乗る、明らかにシャーロック・ホームズを正体とするキャラクターが登場するゲームまであり、今後も作られていくでしょう。なにしろ「あのシャーロック・ホームズが最強の敵を倒した、謎めいた日本の格闘術」という以外に具体的な解説が何も残されていないうえに、この技の使い手というだけで特定の個性をキャラクターに与えることができてしまうわけですから、フィクション作品に用いるには非常に都合がいいのです。

過去の文豪たちもバリツにはおおいに興味を持ったようで、1948年には江戸川乱歩や吉田健一らにより「東京バリツ支部」が設立されたばかりかまじめな研究までおこなわれ、知識階級の人たちによる知的遊戯のネタとして楽しまれていたようです。

広告としての「強い男に見せるには」

本書のユニークなところは付録の「強い男に見せるには」に、実際よりも屈強な男のように振る舞う方法が書かれていることです。この記事は、強さや腕力に憧れた紳士たちの興味をバーティツ道場に惹きつけるためのPRとして書かれた意図もあるでしょうが、同時に、ルル・ハーストやアニー・メイ・アボットら、当時の人気芸人をスターダムに押しあげた技、いわゆるパーラー・トリックの種を明かす、一種の暴露記事でもあったようです。芸人たちは、こうした技を使って周囲を驚かせ「自分は神秘的な電気の力、そして磁力を持っているのだ」と主張して人気を博していたのに、バートン＝ライトが人気雑誌でネタばらしをしてしまったわけです。

電気の力などとうさんくさい口上が解説されるのも、当時活躍した「エレクトリック・ガールズ」の種を暴露するためであり、てこの原理とイデオモーター現象（外部から何らかの作用が働くと無意識に身体運動が発生してしまう現象）を駆使すれば、だれにでも可能であることを世間に知らしめるためだったのではないかと推測できるでしょう。本編を読んでいただければわかるとおり、バーティッツにおいてもこのふたつの原理の応用が登場することが非常に多いわけですが、世間の耳目を集めつつバーティッツの宣伝をするには、こうした有名人たちの存在はまさに格好の餌食だったことでしょう。

最後に、本書の魅力は実際の護身術の解説として役立つこともさることながら、当時の英国の人びとの嗜好やトレンドなどが透けて見えるところだと思います。むろん、実際にだれかと協力して技の数々を試してみるのも楽しいでしょう。

2024年3月　田内志文

初出

Barton-Wright, Edward William 'The New Art of Self Defence',
Pearson's Magazine, March, 1899, 269-275.

Barton-Wright, Edward William 'The New Art of Self Defence',
Pearson's Magazine, April, 1899, 402-410.

Barton-Wright, Edward William 'Self-Defence With a Walking Stick',
Pearson's Magazine, January, 1901, 11-20.

Barton-Wright, Edward William 'Self-Defence With a Walking Stick',
Pearson's Magazine, February, 1901, 130-139.

Barton-Wright, Edward William 'How to Pose as a Strong Man',
Pearson's Magazine, March 1899, 59-66.

エドワード・ウィリアム・バートン＝ライト
Edward William Barton-Wright

1860年、イギリス領インド帝国で生まれる。技術者として活動し、日本に滞在中に柔術を学ぶ。1898年、ロンドンに戻り柔術にボクシング、サバット、ステッキ術を組み合わせた独自の護身術「バーティツ（Bartitsu）」を考案、翌年『ピアソンズ・マガジン』誌に発表。バーティツの道場を開くも数年で閉鎖。以後は理学療法士として活動。1951年、逝去。

監修

新美智士
Satoshi Niimi

DAI認定ファイト・ディレクター。2005年から米国でステージ・ファイトを学び始め、2015年にファイト・ディレクターとなる。米国と日本で俳優の育成事業に携わる一方で、ヨーロッパの武器術の専門家として執筆、監修なども務める。携わった主な舞台公演に劇団四季『ノートルダムの鐘』『美女と野獣』、宝塚歌劇団月組『All for One』、監修を務めた書籍に『描ける！剣と魔法の格闘ポーズ スタイル図鑑』（エムディエヌコーポレーション）などがある。

翻訳

田内志文
Simon Tauchi

文筆家、スヌーカー・プレイヤー、シーランド公国男爵。訳書に『Good Luck』（ポプラ社）、『こうしてイギリスから熊がいなくなりました』『失われたものたちの本』（東京創元社）、『フランケンシュタイン』『オリエント急行殺人事件』『1984』（KADOKAWA）などがあるほか、『辞書、のような物語。』（大修館書店）に短編小説を寄稿。スヌーカーではアジア選手権、チーム戦世界選手権の出場歴も持つ。

シャーロック・ホームズの護身術

バリツ

英国紳士がたしなむ幻の武術

2024年 3 月19日　初版第1刷発行
2024年10月 5 日　初版第2刷発行

著者 エドワード・W. バートン＝ライト
監修 新美智士
訳者 田内志文
編集 Ikaring Netherlands

発行者 下中順平
発行所 株式会社平凡社
〒101-0051 東京都千代田区神田神保町 3-29
電話 03-3230-6573（営業）
平凡社ホームページ https://www.heibonsha.co.jp/

デザイン 松田行正＋山内雅貴

印刷 株式会社東京印書館
製本 大口製本印刷株式会社

ISBN 978-4-582-83955-5